# 교회에서 상처받은 영혼의 치유

켄 블루 • 노 용찬

하늘기획

### 교회에서 상처받은 영혼의 치유
∙∙∙∙∙∙∙∙∙∙∙∙∙∙

초판 1쇄 발행 · 1997년 4월 24일
초판 3쇄 발행 · 2005년 11월 12일

지은이 · 켄 블루
옮긴이 · 노 용 찬
펴낸이 · 이 재 승
펴낸곳 · 하늘기획

등록번호 · 제22-469호(1998)
주소 · 서울특별시 동대문구 청량리
1동 235-6(미주상가)

총 판 · 하늘물류센타
전 화 · 031-947-7777
팩 스 · 031-947-9753
ISBN · 89-88626-07-9

저자와의 협약으로 인지는 붙이지 않았습니다.
잘못 만들어진 책은 교환해 드립니다.

# HEALING SPIRITUAL ABUSE

How to Break Free from
Bad Church Experiences

by
Ken Blue
Trans. by
Noh, Yong Chan

© by Ken Blue
Originally published by IVP
as *Healing Spiritual Abuse*
© 1997 by Hosan Publishing Co.
Translated and Published by permission of IVP

"이것은 정서적인 상처의 문제에 대한 탁월한 책이다.
켄 블루는 매우 진실한 문제들을 섬세하게 다루고 있으며 분별 있는
해결책을 제시하고 있다. 나는 이 책을 강력하게 추천한다."
―어빙 헥삼(캘거리 대학교 종교학 교수)


"「교회에서 상처받은 영혼의 치유」 안에는
목회자나 혹은 목회에 의하여 이용당하거나 학대받은 것으로부터
아직 고통을 당하고 있는 영혼을 위한 치유의 희망이 있다.
당신이 영적 학대의 희생자라는 것이
분명하게 드러났다면, 이 책을 읽는 것은 그리스도와의
새로워진 관계로 향하는 그 다음의 발걸음이다."
―스테펜 아터번(뉴 라이프 트리트먼트 센터)

"**켄 블루가** 다루고 있는 죄악은 현실적이며,
광범위하고 또 치명적이다. 그 죄악은 구타하는 남편들이 구타당하는
아내에게 끼치는 것과 비슷한 영향을 미친다
(그들이 만일 구타하는 사람들을 떠나지 않으면
희망은 물론 모든 생명의 불꽃이 소멸된다).
다행스럽게도 켄은 해답을 알고 있으며 그것을 명쾌하게 지적한다."
―존 화이트(작가)


"**우리는** 성경적 통찰력과 목회적 지혜를 가지고
켄 블루에게 기대를 건다.
이 책은 힘을 얻기 위하여 다른 사람들을 이용하는 바리새적인
이기적인 이용과 다른 사람에게 권한을
부여하는 예수님의 목회를 대조함으로써 무의식적으로 영적인 학대를
하는 사람들의 양심을 탐구하고 있다.
교회의 직책과 권위 하에서 영적 학대를 하거나
영적 학대의 희생자가 된 사람들을 위하여, 이 책을 읽는 것은
자유와 치유로 나아가는 문을 열어 줄 것이다."
―레이 앤더슨(훌러 신학대학 목회학 교수)

나를 믿고 자신들에 대한 이야기를 해 준
모든 이들에게 이 책을 바친다.

## 감사의 말

나는 제일 먼저 이 자료들을 준비해 주고 격려해 준
나의 비서 웬디 파리스에게 감사한다.
또한 20년 동안 함께 해준 나의 아내와 내가 일할 수 있도록
배려해 준 우리의 자녀들인 아론, 에메트, 메이슨, 웨이랜드, 칼리, 레비
그리고 애나에게 감사한다.
그리고 캘리포니아 주 샌디에고에 있는 푸트힐 교회의 형제들과
자매들에게 감사한다.
그들은 내가 이 책을 쓸 수 있도록 많은 격려를 해 주었다.
마지막으로 미네소타 주
크리스탈에 있는 열린 문 교회의 담임 목사인
데이비드 존슨 목사에게 감사를 드린다.
영적 학대에 대한 그의 가르침은 이 주제에 대한
내 생각의 많은 부분을 바로잡을 수 있도록 일깨워 주었다.

## 목차

1. 자유로의 초대 • 10
2. 모세의 자리 — 학대하는 권세 • 26
3. 바리새인들의 누룩을 주의하라 • 46
4. 무거운 짐 • 62
5. 그들은 사람에게 보이기 위하여 하나니 • 84
6. 부제를 주제로, 요점 빼먹기 • 106
7. 누가 왜 학대의 함정에 빠지는가? • 126
8. 은혜로 말미암은 치유 • 146
9. 건강한 교회 지도자 • 172
10. 건강한 교회 징계 • 192

후주

인간이 종교적인 확신을 가지고 행할 때 처럼,
그렇게 완전하고 유쾌하게 악을 행할 수는 결코 없다.
— 파스칼


진리를 알지니 진리가 너희를 자유케 하리라.
— 예수 그리스도


그리스도께서 우리로 자유케 하려고
자유를 주셨으니
그러므로 굳세게 서서
다시는 종의 멍에를 메지 말라.
— 사도 바울

# 1
# 자유로의 초대

**어느** 텔레비전 설교가는 자신을 따르던 사람들의 돈을 횡령한 죄로 재판에 회부되어 선고를 받고 감옥에 갔다. 잘 알려진 어떤 목사는 여비서를 성추행하였다. 로마 가톨릭 교회는 사제들에게 성추행을 당한 사람들과의 화해와 보상비로 법정 밖에서 수백만 달러를 소비하고 있다. 한 젊은 여성은 목사로부터 자신이 귀신이 들렸으며 더 이상 희망이 없다는 말을 듣고 자살을 하였다. 목회 분야에서 탁월한 책을 쓴 어떤 유명한 교회 지도자는 나중에 간음한 자로 밝혀졌다.

네 살된 어느 소년은 생명을 보존하기 위한 의료 조치를 게을리한 결과로 사망하였다. 그 소년의 부모가 다니는 교회의 목사가 그들에게 의사를 부르지 말고 오직 기도에만 의지하라고 강요했기 때문이었다. 한 작은 시골 교회의 어떤 부부는 목사가 그들의 결혼이 하나님의 완전하신 뜻이 아니라고 말했다는 이유로 이혼하였다. 어떤 유명한 신학

자이자 윤리학자는 목회자로서의 자격이 그의 성적 부정행위에 대한 수많은 여성 동료 지도자들의 고소로 말미암아 정지되었다.

위에 열거한 것들은 사람들이 '영적 학대'라고 부르는 최근에 일어나고 있는 문제들의 겨우 몇 가지 예에 불과하다. 사실 영적 학대는 처음부터 하나님의 백성들에게 문제가 되어 왔다.[1] 그러나 그 용어 자체는 비교적 새로운 것이다.[2] 영적 학대와 같은 유행적이며 자극적인 용어들은 과도하게 사용하거나 혹은 잘못 사용하면 참다운 의미를 상실한다. 그러므로 몇 가지 점에 대하여 주의 깊은 정의를 내리는 것에서 시작해야 한다. 영적 학대란 무엇인가? 어떤 사람들이 영적으로 학대하는가? 이러한 학대는 피해자들에게 어떤 영향을 미치는가?

## 영적 학대란 무엇이며, 누가 영적으로 학대하는가?

어느 유형의 학대이든지 그것은 다른 사람에 비하여 강한 힘을 가지고 있는 어떤 사람이 상대에게 상처를 주려는 의도로 자신이 가지고 있는 힘을 사용할 때에 일어난다. 육체적 학대란 어떤 사람이 다른 사람에게 육체적 상처의 원인이 되는 물리적 힘을 구사하는 것을 의미한다. 성적 학대란 어떤 사람이 다른 사람에게 성적 상처의 결과를 유발하는 성적 힘을 사용하는 것을 의미한다. 그리고 영적 학대는 영적 권위를 가진 지도자가 자신을 따르는 사람을 지배하고 조종하거나 혹은 부당하게 착취할 때, 그래서 영적 상처의 원인이 될 때에 일어난다. 론 엔로쓰(Ron Enroth)는 이것에 대해서 다음과 같이 설명하고 있다.

> 육체적인 학대가 종종 육체에 상처를 남기는 것과는 달리 영적 학대와 목회적 학대는 영혼과 마음에 깊은 상처를 남긴다. 그것은 종교 지도자와 영적 권위자들의 역할의 고결함으로 말미암아 우리 사회

에서 존경과 신뢰를 받는 사람들에 의하여 가해진다. 그들은 성경 곧 하나님의 말씀에 바탕을 둔 권위에 기초를 두고 있으며, 그들 스스로 신성한 신뢰를 지닌 목자라고 여긴다. 그러나 그들이 신뢰를 깨뜨리거나 그들이 가지고 있는 권위를 남용할 때 그리고 회중을 통제하고 조종하기 위하여 성직의 힘을 잘못 사용할 때, 그 결과는 비극적일 수 있다.[3]

영적 학대는 해치려는 의도로 가해지는 경우가 거의 없기 때문에 다른 종류의 학대와는 차이가 있을 것이다. 우리가 잘 알고 있듯이 영적 학대자들은 자신들의 착취가 어떤 영향을 주는지에 대해서 신기하리 만치 잘 모르고 있다. 그들은 피해자들에게 상처를 주려는 의도를 거의 가지고 있지 않다. 그들은 종종 하나님을 위해서 그들이 하려고 하는 몇 가지 중요한 일에만 정신이 빠져 있거나 초점을 두고 있기 때문에 자신을 따르는 사람들에게 가해지고 있는 상처들에 대해서 주목하지 않는다. 그래서 내가 영적 학대가 악하고 위험하고 금지되어야만 한다고 주장할 때, 영적 학대에 대한 나의 정의는 **의도적으로 상처를 주려**는 것은 배제한다.

영적 학대에 대한 정의는 좀더 제한되어야 할 필요가 있다. 영적 학대를 수직으로 된 연속선으로 생각해 보자. 연속선의 가장 밑에는 그다지 중요하지 않은 산발적으로 일어나는 학대가 있고, 가장 꼭대기에는 조직적인 학대가 있다고 하자. 교회 지도자들에 의해서 일어나는 경솔함과 무교양과 거만 등과 같은 것들은 이 책에서 다루고자 하는 나의 관심거리가 아니다. 단순히 교회 지도자가 저지르고 있는 모든 잘못들이 영적 학대라고 불린다면, 이 문제는 하찮은 문제가 될 것이다. 나는 너무 많은 목회자들에게 영적 학대자라는 피상적인 꼬리표를 붙이는 것을 원하지 않는다. 현실적인 문제를 책임감 있게 다루고 영적 학대에 대한 관심을 현대판 마녀사냥으로 만들지 않도록 하자.

이러한 것에 주의하면서 우리는 아직도 분간해야 할 것이 있다. 대단히 즐겁고 사회적으로 받아들일 만한 몇 가지 행동들도 역시 다른 사람을 조종하려는 의도를 지닐 수 있고, 그래서 그것도 학대라 할 수 있다.

어떤 영적 지도자들은 친밀감과 신뢰감을 주는 언어를 능숙하게 사용함으로써 회중을 점잖게 장악한다. 이같은 교묘한 조종 기술은 돈을 많이 버는 식당에서 분명하게 드러난다. 이러한 식당의 종업원은 친절하고 친밀감을 주는 언어와 자세를 유지하도록 잘 훈련되어 있다. 핵심적인 말과 피부 접촉과 제스처를 사용함으로써 종업원은 손님들의 마음을 빼앗는다. 종업원은 그렇게 해서 만들어진 신뢰를 바탕으로 손님이 먹기를 원하는 것보다는 식당이 팔기를 원하는 것을 주문하도록 손님을 조종한다. 그 목적은 손님이 사랑과 보살핌을 받고 있다는 느낌을 갖게 함으로써 가장 많은 돈을 긁어내자는 것이다.

많은 교회 지도자들이 친밀감과 신뢰를 주는 이러한 언어에 익숙해져 있다. 이러한 것을 가지고 그들은 자신을 따르는 사람들의 지원을 얻고, 자신이 원하는 대로 교회가 운영되도록 할 수 있다. 고압적인 학대자들에 의하여 저질러진 심각한 상처의 견지에서 보면 그러한 교묘한 조종은 그렇게 중요하지 않은 부차적인 것으로 보일 것이다. 그러나 그것은 신뢰를 깨뜨린 것이기 때문에 매우 심각하고 중요한 문제이다. 어떤 지도자가 친밀한 척하면서 자신을 따르는 사람들을 기계적으로 만들고 조종하는 데 이 환상을 사용한다면, 그는 학대를 하고 있는 것이다. 그러므로 나는 그러한 행동을 영적 학대라는 수직선상의 가장 밑에 놓을 것이다.

나는 영적 학대라는 수직선상의 가장 꼭대기에 연약한 사람들에 대하여 으시대고 권위주의적인 영적 독재자의 고의적인 착취와 지배를 놓고자 한다. 학대에 속하는 종류의 대부분은 이 수준에서 발견될 것이다. 예를 들면 위협, 협박, 돈의 갈취, 성적인 요구, 공개적으로 창피를 주는 일, 사회 생활의 통제, 결혼 관계의 조종, 감시 그리고 이와 유사한 것들이다. 정신적, 영적으로 연약한 사람들이 자기중심적인 선동가의 조종을 당하게 되면 모든 사람에게 대단히 해로운 일들이 일어날 수 있다. 내가 이 책에서 예로 든 영적 학대의 경우들은 학대라는 수직선상에서 중요하지만 극단적인 학대보다는 조금 못한 학대 사이의 어디엔가 놓여일 수 있을 것이다.[4]

## 누가 피해자인가?

이십여 년 전에 내가 처음으로 목회 사역을 시작한 지 일주일이 지나서, 나는 병원으로부터 온 전화를 받게 되었다. 내 교구 신자 중 한 명(25세된 여성인데 여기서는 마싸라고 부르도록 하겠다[5])이 자살을 기도하여 회복을 위해 응급 처치를 받고 있다는 것이었다. 마싸와 나의 처음 대화는 고통스럽도록 어색했다. 그것은 우리의 만남이 처음이여서도 아니었고, 내가 목사 임명을 받은 지 얼마 되지 않은 신참 내기여서도 아니었다. 이유는 마싸가 나를 두려워했기 때문이었다. 그 사실을 깨닫자, 나는 그녀에게 왜 나를 두려워하냐고 물었다. 그녀는 아주 낮고 거의 위협적인 목소리로 대답했다. "왜냐하면 당신이 목사이기 때문이에요."

나는 그녀에게 그것이 무슨 의미냐고 다시 물었다. 그러나 그녀는 아무런 대답도 없이 돌아 누었다. 거북스러운 침묵이 한참 지난 후에 나는 그녀에게 성경을 읽어 주어도 되겠냐고 물었다. 마싸는 잠시 말이 없다가 여전히 돌아누운 채로 말했다. "싫어요. 난 지금 성경 말씀을 들을 상태가 아녜요."

너무나 혼란스럽고 어리둥절한 상태로 나는 양해를 구하고 병실에서 나왔다.

몇 개월이 지난 후 나와 마싸는 친구가 되었고, 그녀는 나에게 자신의 사연을 들려 주었다. 그녀는 근본주의적인 기독교인의 집에서 태어나 보수적인 종교 성향을 가진 공동체인 집단농장에서 자라났다. 그녀의 부모는 하나님과 성경을 이용해서 그녀를 위협하고 통제하였다. 그녀에게 하나님은 언제나 생각하는 것과 행동하는 것에 완벽함을 요구하는 엄격한 재판관처럼 느껴졌다. 그녀가 좋아하는 송아지가 복통으로 죽었을 때 마싸는 자신의 어떤 죄 때문에 하나님이 벌을 내린 것이라고 믿었다.

마싸가 성인이 되었을 때, 그녀는 하나님만을 두려워하고 있는 것이 아니라 하나님과 관련된 사람도 두려워하고 있다는 것을 발견하였다. 그녀는 목사 앞에서는 불안하고 불편하게 되었으며, 육체적인 고통을 느끼지 않고서는 성경의 어느 부분도 읽을 수가 없었다. 이십 대 중반에 간호 학교를 졸업한 후 마싸는 심각한 우울증에 걸리게 되었다. 안정감을 얻으려고 어떤 결혼한 남자와 성적인 관계를 가져 임신을 하게 되었다. 자포자기한 채로 하나님께서 자신의 죄에 대해서 벌을 내리실 것이라는 생각에 그녀는 자살을 기도했던 것이다.

마싸 스스로 자신의 삶을 다시 시작하려고 노력한 일년 후 그리고 수많은 시간 동안의 전문적인 상담과 사랑을 지닌 목사의 보살핌의 결과 마싸는 건강을 회복하고 잘 지내고 있다. 얼마전에 나는 그녀에게 이제 어떠냐고 물었다. 그러자 그녀는 다음과 같이 대답하였다. "글쎄요. 이제 저는 목사님의 얼굴을 똑바로 쳐다볼 수 있고, 떨지 않고 말할 수 있어요. 나는 이제 아무런 고통 없이 성경을 읽을 수 있어요. 그리고 위경련을 걱정하지 않고 교회에 갈 수 있어요. 전 아주 좋아요."

영적 학대 속에서 '생존한' 사람들은 종종 지옥의 가장자리와 같은 곳에서 방황을 한다. 그들은 혼란스러워 하고, 상처를 입고 분노한다. 목사들에 의한 학대의 어떤 희생자들은 자신들의 고통과 자신들은 마땅히 그러한 일을 당할 만하다는 생각 때문에 스스로를 비난한다. 어떤 사람들은 자신들과 가족들이 창피스러운 일을 어리석게도 그대로 당했다는 데 대해서 자기혐오에 빠지기도 한다. 어떤 사람들은 학대자를 증오하는 데 초점을 맞춘다. 그들은 곧 고통과 하나님의 치유로부터의 단절로 인해 무력하게 된다. 쟈니타와 데일 라이언(Juanita & Dale Ryan)이 말한 바와 같이 "영적 학대는 우리가 누구인가 하는 사고의 핵심에 손상을 입히는 학대의 일종이다. 그것은 우리에게 영적인 혼란을 주며, 정서적으로는 하나님의 치유하시는 사랑으로부터 우리를 단절시킨다."[6]

영적 학대의 대부분의 피해자들은 외로운 사람들이다. 그러나 때때로 그들은 같은 경험을 가진 사람들과 단결하기도 한다. 그러한 열다섯 명의 사람들이 내가 섬기고 있던 교회에 몰려온 적이 있었다. 그들은 먼저 다니던 교회에서 처음 몇 년 동안은 교인들과 함께 제자와 목자 운동이라고 불리는 운동에 참여했었다.[7] 어느 시기가 되자 그들 각각은 그 교회를 떠나기를 원하였으나 정서적인 문제로 인해 혼자서는 그 교회를 떠날 수가 없었다. 그들은 결국 함께 집단으로 교회를 떠났다.

그들이 우리와 함께 하는 동안 나는 각자로부터 그들에 대한 이야기를 들었다. 그들은 자신들이 먼저 다니던 교회에 대하여 동일한 설명을 해 주었다. 그 교회는 경직된 계급 조직이었다. 모든 교인들은 마치 부모가 사춘기 이전의 자녀들을 관리하는 것처럼 그들의 삶을 통제하는 개인적인 목자에게 할당되어 있었다. 각각의 개인적인 목자들은 제자들에게 어떤 직업을 택해야 하는지, 어떤 자동차를 사야 하는지, 휴가를 어디로 가서 어떻게 보내야 하는 지와 같은 세세한 일들에 대해서까지 지시해 주었다. 심지어 한 부부가 몇 명의 자녀를 낳아야 하는지 그리고 어떻게 그들을 양육해야 하는지에 대해서도 결정해 주었다. 이 교회의 교인들은 자신들이 해야 할 모든 중요한 결정 과정을 포기하였으며, 결과적으로는 개인적인 자율성과 정체성까지도 포기하였다.

나는 그들 중의 몇 명에게 왜 자신들을 비인간화하는 곳에 기꺼이 동참하고 있는지 물어 보았다. 나는 그들에게 말했다. "어쨌든, 누구도 당신들을 강제로 이래라 저래라 할 수는 없는 것입니다." 그러나 그들의 대답은 한결같았다. 그들 각자는 자신들이 다루어진 방법은 옳았으며, 종국에 가서는 자신들의 충성과 순종에 대한 보상이 있을 것을 믿고 있다고 말했다.

그들이 속해 있던 집단의 계급적인 구조는 억압적일 뿐만이 아니라 또한 중독적이기도 하였다. 이 사람들 중의 대부분은 경직된 책임에 익숙해지게 되어서 결국에는 그 교회를 떠났을 때에는 완전히 버려진 듯한 느낌을 가졌다. 그들 대부분은 우울증을 갖게 되었으며, 몇 명은 아주 심각한 상태가 되었다. 수년이 지난 지금 많은 사람들이 회복되었다. 그러나 그들 중 몇 명은 고통을 극복하고자 알콜과 처방된 약물을 복용해야만 하게 되었다. 결혼한 사람들 중의 몇몇은 험악해졌다. 목자 그룹에서 높은 동기를 부여받고 중요한 역할을 했던 사람들은 그 집단을 떠난 후에는 다른 직업을 구할 수가 없었다.

그들의 이야기를 들었을 때, 나는 그들 모두가 어떻게 그렇게 한결같이 그리스도께 열정적으로 헌신적일 수 있는가에 대해서 충격을 받았다. 처음에 그들 각자는 자신들의 삶을 하나님의 나라를 위해 바치기를 원했다. 근본적으로 목자 운동을 하는 교회가 그들의 관심을 끌게 만들었던 것은 '그리스도를 위해 모든 것을 바친다' 는 것에 대한 이러한 열정이었다. 그 교회는 더 높고, 더 숭고하고, 좀더 희생적인 제자도로의 부름이라는 것을 내세웠다. 그들은 강한 열정은 가지고 있었으나 지혜가 부족했기 때문에, 그러한 제자가 되려는 열정은 곧 영적 학대의 희생자가 되게 하였던 것이다.

차차 알게 되겠지만, 가장 헌신된 신자가 종종 학대하는 종교의 가장 큰 희생자가 될 수 있다. 버크스는 다음과 같이 말했다. "복음은 영적으로 죽은 사람들에게 생명이 된다. 그러나 목자 운동(Shepherding movement)은 한때 영적으로 살아 있던 사람들에게 영적 죽음을 점점 가져다주었다."[8]

## 학대로부터 자유로워질 수 있는가?

나는 이십여 년간의 공적인 목회 활동을 하는 동안 영적 학대에 대한 많은 사실들을 수집하였다. 그러한 경험들이 너무나 많고 일반적이라는 사실은 점차 나로 하여금 강한 그리스도인이 의도적으로든 혹은 무의식적으로든 다른 연약한 그리스도인들에게 상처를 줄 수도 있다는 것을 믿게 하였다.

오래지 않아 이 문제에 대한 나의 비관적이며 수동적인 태도는 설교를 준비하는 과정을 통하여 급진적이며 거의 즉각적으로 변화되었다. 나는 마태복음을 가지고 설교를 하고 있었다. 바리새인들이 목회적인 의무를 태만히 하고 있는 것에 대하여 예수님께서 공개적으로 비판하시는 내용이 나오는 마태복음 23장에 이르렀을 때, 나는 그 구절들이 교인들의 필요에는 전혀 도움이 되지 않는다고 생각해서 그냥 넘어가려고 하였다. 그런데 예수님의 말씀을 처음 읽었을 때, 나는 현재의 독재적이며 자기중심적인 교회의 학대자들이 예수님께서 꾸짖으셨던 바리새인들과 동일하다는 것을 깨닫게 되었다. 예수님은 바리새인들이 거짓된 목자라는 것을 폭로하고 고발하셨을 뿐만 아니라 스스로를 그들의 희생자들을 위한 대변자로 여기셨다. 마태복음 23장에 나타나 있는 예수님의 가르침은 목회자의 학대 때문에 상처를 받은 모든 사람들에게 희망과 교훈을 주고 있다.

예수님은 영적 학대를 받도록 스스로를 내맡기지 않으셨다. 오히려 예수님은 거기에 대항하셨다. 예수님은 변화를 요구하셨다. 그렇다면 왜 우리는 그렇게 할 수 없다는 말인가?

마태복음 23장에서 예수님께서 진정으로 하신 말씀이 무엇인지를 깨달았을 때 나는 예수님께서 복음 전체를 통하여 같은 것을 말씀하신다는 사실을 발견하였다. 사실, 예수님은 오직 자신이 발전시킨 강령에 반대하는 사회악인 영적 학대라는 문제에 초점을 맞추셨다. 예수님께서 계속해서 폭로하고 공격한 것은 오직 문화적인 문제였다. 우리가 그분이 활동하시던 당시의 문화 역시 수많은 심각한 사회적 질병으로 인하여 고통을 겪고 있었다는 것을 회상하다면 그것은 놀라운 일이다. 예수님은 노예 문제나 종족 간의 갈등 문제, 계급 투쟁, 국가의 지원을 받은 테러, 군사적인 영토 분쟁이나 혹은 정부의 전복 등과 같은 문제에 대하여는 공개적으로 언급하지 않으셨다. 예수님은 낙태나 유아 살해 문제, 동성애나 여성과 어린이 착취 문제에 대해서도 언급하지 않으셨다. 이러한 문제들은 예수님 당시에도 사회를 압박하고 있던 문제였다. 그러나 우리는 예수님께서 이러한 문제들에 대해서 직접적으로 언급하고 있는 기록을 갖고 있지 않다.

현대의 교회는 이러한 각각의 사회 악에 대해서 말을 해 왔다. 그러나 놀랍게도 우리는 최근까지 예수님께서 가장 중요하게 다루셨던 사회적인 문제의 하나인 영적 학대에 대해서 실질적으로는 아무것도 말하지 않고 있다.

나는 마태복음 23장을 시대에 뒤떨어진 것으로 여겨 빼어 버리는 대신에 그 말씀을 가지고 연속 설교를 하였다. 그 설교들(그리고 그러한 내용이 담긴 시리즈로 된 설교 테이프)에 대한 반응은 놀라왔다! 교인 중 수십 명이 최근에 자신들이 당했던 영적 학대에 대한 이야기뿐 아니라 그들의 친구들과 가족들의 이야기를 들려주었다. 영적으로 학대를 받았거나 학대 했던 사람들이 신선한 새로운 빛으로 자신들의 경험을 이해하기 시작했으며, 용서하고(혹은 회개하고), 예수님과 그의 교회의 용서를 받아들였다. 많은 사람들이 진정한 자유와 즐거움의 감정들을 전해 주었다.

나는 목회자 회의에 참석하기 위하여 여행을 하는 곳 어디서나 이제는 사람들이 나누고 싶어하는 영적 학대에 대한 수많은 이야기들을 듣고 놀란다. 성공회의 감독들, 루마니아의 시골 농부들, 남아프리카의 정치가 등 모든 사람들이 학대와 조종에 대한 이야기를 들려주었다. 그리고 모든 경우들과 문화들을 보면 바리새인들과 그들로 인한 희생자들에게 그랬던 것처럼 예수님께서 가르치신 원리들(마태복음 23장에 기록되어 있는 원리들)이 치유와 온전함을 위한 열쇠를 가지고 있었다.

## 이 책의 개요

이 책의 다음 다섯 장은 마태복음 23장에 대한 해석과 적용이다. 2장에서 우리는 예수님께서 바리새인들이 처음에 얻게 된 사람들에 대한 통제라는 그 위법적인 수단을 어떻게 폭로하셨는가에 대해서 살펴볼 것이다. 그들은 자신들을 스스로 높여 '모세의 자리'에 앉았다. 그들은 결과적으로 다음과 같이 말하고 있는 것이었다. "우리는 (하나님에 대해서 말하는) 모세에 대해서 말하고 있기 때문에 너희는 우리에게 복종해야 한다." 이것에 대한 현대적인 유사성은 다음과 같이 말하는 교회 지도자들에게서 나타난다. "나는 '주님의 기름부음을 받은 자', 혹은 목사, 혹은 장로, 혹은 감독이기 때문에 너희는 내가 말하는 대로 해야 한다." 그러나 예수님과 바울은 직무나 지위 혹은 직책이 자동적으로 영적 권위를 가져다 주지 않는다는 것을 분명히 하고 있다. 하나님의 나라에서 진정한 권위는 오직 종된 지도력에 의하여 온다.

우리는 3장에서 바리새인들을 위험스럽게 만드는 것은 그들의 잘못된 권위 자체만이 아니라 또한 잘못된 가르침이라는 것을 발견할 것이다. 그들은 잘못된 관점과 하나님에 대한 잘못된 봉사 방법을 가르쳤다. 그들은 하나님을 자신이 정해 놓은 종교적 규칙을 지키는 자를 좋아하고 그것을 어기는 자들을 멸시하는 형식에 얽매인 재판관으로 묘사하였다. 하나님의 수용과 용납이 종교적인 선행에 따라 결정된다고 설교하는 현대의 설교자들이 바로 오늘날의 바리새인들이다. 결국 예수님은 존경받는 지도자들이 말하는 가장 종교적인 것처럼 보이는 거짓말이 영적 생명력을 파괴한다고 말씀하신다.

예수님은 우리에게 어떻게 거짓 교사들을 알아챌 수 있는가 대해서 말씀하시는데, 이것이 4장의 주제이다. 거짓 교사들은 사람들에게 무거운 짐을 지워 놓고 그것을 옮기기 위하여 손가락 하나 까닥하지 않는다고 말씀하고 계신다. 이러한 무거운 짐들은 영적인 것처럼 보이지만 실제적으로는 영적 성장을 마비시키는 율법과 규범들이다. 정통파, 근본주의와 로마 가톨릭주의가 오늘날의 무거운 짐들이다. 그리고 그러한 짐들을 사람들 위에 쌓아 놓는 자들이 예수님께서 그 당시에 책망하셨던 바리새인들과 같은 사람들이다. 좋은 목자는 양떼들에게서 이러한 짐들을 제거하고, 따르는 자들을 자유롭게 해 준다.

제5장에서 우리는 학대적인 교회 지도자가 자아의 문제를 가지고 있다는 것을 발견한다. 예수님께서는 "저희 모든 행위를 사람에게 보

이고자 하여 하나니"라고 말씀하신다(마 23:5). 그들에게 있어서 '모든 행위'란 바로 좋게 보이기 위한 것이다. 하나님의 백성답게 되는 것이 중요한 것이 아니라 오직 하나님의 백성처럼 보이는 것이 중요한 것이다. 그들이 누구인가보다 더 중요한 것은 사람들이 그들을 어떻게 생각하느냐이다. 그러한 이유로 그들은 스스로 '랍비'(7절)와 같은 존칭—현대적인 의미로 보면 '당회장,' '목사' 혹은 '박사'—으로 불리기를 좋아하였다. 진정한 목자는 하나님께 헌신하는 척 가장할 필요도 없고, 존칭이 필요하지도 한다. 그들이 어떤 사람인지는 그들이 맺는 열매를 통하여 드러난다.

제6장에서 우리는 영적 학대의 추가적인 징후들을 발견할 것이다. 즉 일차적인 것을 이차적인 것으로 만들고, 진정으로 중요한 것을 게을리하는 문제이다. 영적으로 학대하는 지도자들이나 조직들은 중요한 문제들은 소홀히 다루면서 전혀 중요하지 않은 문제들에 대해서는 타협을 하지 않고 끝까지 지키려고 한다. 예를 들면, 그들은 저녁 식탁에서 어떤 옷을 입어야 하고 어떤 포도주를 마셔야 하는지에 대해서는 분명한 관점을 가지고 있지만, 정의와 사랑에 대해서는 전혀 관심이 없을 것이다. 그러나 진정한 목자는 하나님의 사랑과 이웃들에 대한 사랑을 가장 중요한 것으로 여긴다.

제7장에서 우리는 누가 왜 영적 학대의 함정에 빠지는지에 대해서 논의할 것이다. 우리는 가해자들의 심리와 동시에 피해자들의 정서적인 욕구에 대해서 살펴볼 것이다.

제8장에서는 영적 학대의 피해자들과 마찬가지로 가해자들에 대한 하나님의 치유에 대해서 살펴보았다. 여기서 우리는 어떻게 학대자들과 피해자들이 하나님의 강력한 은혜를 통하여 그들 상호간의 파괴적인 관계에서 구원받을 수 있는가를 발견한다.

마지막 두 장은 건강한 종으로서의 지도자에 대하여 설명하고 있다.

비학대적인 교회 지도자는 연약하거나 수동적인 것이 아니라 강하고 권위가 충만하다. 그러나 이 권위는 힘을 추구함으로써 얻는 것이 아니라 섬김으로써 얻는 것이다. 비학대적인 지도자들은 어깨 위의 무거운 짐들을 제거해 주고, 다른 사람들은 장려해 주고, 은혜로운 하나님의 왕국의 문을 활짝 열어 주고, 하나님의 백성들에게 영양이 풍부한 영적 양식을 먹임으로써 성도들을 잘 섬긴다.

이 책을 미리 살펴본 사람들 중의 몇 사람은 특정 청중보다는 더 많은 사람들에게 소개되어야 할 것처럼 보인다고 하였다. 어떤 목사는 다음과 같이 말했다.

> 나는 처음에 이 책의 청중은 영적으로 학대를 받은 사람들이어야 한다고 생각했다. 그러나 이 책을 읽고 나자 나는 다양한 관점에서 이 책을 보고 있는 나 자신을 발견하였다. 때때로 나는 목회자로서 학대를 받은 사람을 어떻게 상담해 주어야 하는지를 배운다. 어떤 때는 학대로 이끌 수 있는 태도나 혹은 행동에 대항하도록 안내할 필요가 있는 교회의 지도자로서 읽었다. 어떤 때는 내 교회에서 있었던 과거의 사건이 사실은 영적 학대가 아니었는가 하고 자문해 보았다.

사실, 이 책은 우선적으로 청중들에게 말하고 있는 것이다. 그것은 이 책이 근거하고 있는 성경이 서로 다른 청중들에게 말하고 있는 것이기 때문이다. 마태복음 23장에서 예수님은 적어도 두 그룹 즉, 영적 학대자와 그들의 희생자에게 말씀하고 계신다. 성경은 종종 서로 다른 이유로 서로 다른 그룹들에게 도움이 된다. 그것은 또한 종종 서로 다른 이유로 동일한 사람에게 도움을 준다. 나는 이 책에서 이와 같은 일이 진실로 일어나기를 바란다. 그러나 나는 경우에 따라서 각각의 요점에 대하여 말하고 있는 그룹을 분명히 하려고 한다.

이제 영적 학대의 희생자들인 독자들에게 마지막으로 한마디 하고자 한다. 이 책은 고통스러웠던 것에 대한 당신의 자각을 더 강화시켜 주고 또 (적어도 한 순간 동안은) 그 고통을 더욱 강렬하게 할 것이다. 고통이 치유를 촉진시킨다면 잘 된 것이고, 좋은 것이다. 그러나 학대자나 혹은 학대 기관에 대한 쓰라린 고통을 더욱 자극한다면 전보다 더 해로울 것이다. 예수님께서 그 당시의 영적 학대자들을 향하여 나타내신 분노의 경우, 예수님은 즉각적으로 그들을 용서하실 준비가 되어 있었다. 용서하시는 예수님의 능력은 우리 안에도 존재한다. 그러므로 우리는 용서의 능력이 우리 스스로에게 유용하게 되도록 지혜로워야 한다.

예수님은 "너희의 비판하는 그 비판으로 너희가 비판을 받을 것이요 너희의 헤아리는 그 헤아림으로 너희가 헤아림을 받을 것이니라" (마 7:2)고 하셨다. 예수님은 또한 "검을 가지는 자는 다 검으로 망하느니라" (마 26:52)고 하셨다. 어떤 사람이 자신의 (내가 이 책에서 말하고 있는 것과 같은) 전문직에 대해서 비판을 할 때, 그는 예리한 날이 선 비판이라는 검을 쥐고 있는 것이어서 그가 그 칼을 휘두를 때 첫 번째 흘리는 피는 바로 자신의 것이 된다. 나 역시 한 교회의 목사이므로 영적 학대자일 가능성을 가지고 있다. 이 책을 쓰면서 나 역시 다른 사람을 학대할 수 있는 가능성이 있다는 것을 깨닫게 되었고 절대로 그러지 않기를 희망한다. 나는 이 책을 읽는 사람들이 그와 같은 유익을 얻기를 기도한다.

이른바 교회 실패의 원인은 모든 교파에 있는
반쪽 그리스도인 성직자들이다.
— 죠지 맥도날드

윤리란 꿈의 나라를 위한 것이다. 능력은 현실을 위한 것이다.
지도자는 자신의 환경을 통제하고 일을 성취하기 위한
능력을 가지고 있어야만 한다.
— 어느 현대 경영자

서기관들과 바리새인들이 모세의 자리에 앉았으니
— 예수 그리스도

# 2
## 모세의 자리 — 학대하는 권세

**나의** 아내 패티는 일곱 명의 건강한 자녀를 낳았다. 넷째 아이를 낳기 한달 전에 아내는 하혈을 시작하였다. 나는 진찰을 받기 위해서 아내를 급히 병원으로 데리고 갔다. 진단 결과 자궁외 임신이어서 위험한 상태이며, 태반이 너무 자궁 밑에 붙어서 출산관을 막고 있기 때문에 어쩌면 치명적일 수도 있는 상태였다. 패티가 계속 일을 한다면 태아의 출구를 막고 있는 태반이 터질 수도 있었다. 즉각적인 의학적 조치가 없다면 아내는 태아가 안에 갇혀 있는 채 출혈로 죽을 수도 있었다.

패티의 몸 안에는 온전하고 건강한 생명이 형성되어 있었다. 몇 년 전 (완벽한 응급수술이 있기 전) 그 생명은 사소하지만 고의적인 방해물로 인하여 아내의 몸 안에서 죽을 수도 있었다.

사소하지만 고의적인 방해물은 또한 교회의 생명을 함정에 빠뜨리고 죽게 할 수 있다. 대부분의 경우 이러한 방해물들은 불완전한 지도자들이다. 나의 친구 중 어떤 이는 "교회에서 일어나는 모든 일은 지도자의 문제로 인하여 발생한다"고 하였다. 나는 이 말에 전적으로 동의한다. 나의 서류철은 교회의 영적 생활을 방해하는 중요한 위치의 잘못된 지도자에 대한 예들로 인해 점점 두꺼워졌다.

어떤 교회에서 젊은 목회자가 지방의 두 고등학교와 한 전문대학 출신의 학생들을 모으기 위한 프로그램을 계획하고 지도하였다. 이 젊은이들 중 대부분은 그 청년 프로그램을 통하여 확실하게 회심하고 믿음에 뿌리를 내렸다. 그들 중 몇 명은 젊은 목회자의 탁월한 목회적 돌봄 아래 지도자로 훈련받고 양육되었다. 무엇보다도 이 젊은이들을 위한 프로그램은 그 교회가 지원한 것 중에 가장 훌륭한 활동이었다. 교회는 그 사역을 통하여 양적으로 성장했을 뿐만 아니라 젊은이들을 위한 프로그램은 전체 회중들에게 영적 생활을 고취시켜 주었다. 그것은 전체 교단의 선망의 대상이 되었다.

그러나 그 프로그램은 어느 십대 소녀가 자신에게 성적인 제안을 했다는 이유로 그 젊은 목회자를 고소함으로써 갑자기 중단되었다. 소녀의 아버지는 교회의 재정 담당이며 동시에 장로회의 의장이었다. 그는 그 젊은 목회자에게 그에게 씌워진 혐의 사실에 대한 조사도 없이 사임하도록 고의적인 영향력을 행사하였다. 이 폭력적인 힘은 그 교회의 젊은이들을 위한 역동적인 활동을 말살하였으며, 그 결과로 교인들 중 절반이 교회를 떠났다.

교단의 위원들이 마지막으로 그 젊은 목회자에게 씌워진 혐의에 대해서 조사하였을 때, 그들은 그것이 거짓이었다는 사실을 알게 되었다. 사실은 그 소녀가 그 젊은 목회자를 유혹하려고 하였으나 실패하자, 목회자가 해고되는 결과를 초래한 이야기를 지어냈던 것이다. 그 젊은 목회자는 공개적으로 무죄하다는 것이 밝혀졌다. 그러나 그는 그 경험으로 인하여 환멸을 느끼고 목회자의 길을 그만두었으며, 지금은 전혀 교회를 멀리 하고 있다. 그는 생명보험 외판원의 일을 아주 잘하고 있다.

## 지위를 차지함

잘못된 위치에 있는 태반이 어머니의 자궁에 있는 생명을 방해하는 것처럼, 전략적으로 중요한 잘못된 위치를 차지한 학대적인 지도자는 교회의 생명을 해치는 힘을 가지고 있다. 예수님은 이것을 알고 계셨다. 마태복음 23장에서 (다른 곳에서와 마찬가지로) 예수님은 그것에 대해서 강하게 말씀하셨다. 예수님의 시대에 책략적으로 잘못된 지위를 차지한 지도자들은 서기관들과 바리새인들이었다. 이러한 영적 지도자들은 처음부터 예수님과 그가 가져온 생명의 사역을 방해하기는 어려웠다.[1] 데일 브룬너(Dale Brunner)는 마태복음 23장에 대한 주석에서 "이 장에서 예수님은 거짓 종교, 특히 거짓 종교 지도자들을 통렬히 비판하고 있다. 예수님은 이스라엘의 주된 문제는 바리새주의라고 믿었다. 이스라엘을 예수님과 그분을 통하여 열려진 하나님 나라로부터 멀어지게 하는 바리새인의 지도력이었다"라고 말하고 있다.[2]

바리새인들은 스스로 자신들을 백성의 통치자요 재판관으로 여겼으며, 그 결과 그들은 독특한 형태의 종교적 공동체를 만들었다. 이 공동체의 첫 번째 특징은 정결성에 대한 열심이었다. 바리새인들은 신체적 도덕적 정결에 대하여 엄격하고 강박적이었다. 그들의 정결법을 지킨 유대인들은 사회에서 좋은 지위를 차지할 만하다고 여겨졌다. 바리새인들은 정결법을 지키지 않거나 혹은 지킬 수 없는 자들은 공동체에서 제외시켰다. 누가 공동체에 들어올 수 있고 들어올 수 없는지를 결정하는 권세는 요한복음 12장 42~43절에서 분명하게 보여 준다. 여기서 우리는 많은 유대 지도자들이 예수님을 믿었으나 바리새인들이 그들을 회당에서 추방할 수도 있다는 두려움 때문에 그 믿음을 고백하지 않았음을 볼 수 있다. 누가 공동체에 들어오고 누가 들어올 수 없는지를 결정하는 바리새인들의 권세는 학대적인 권세였다.

예수님과 바리새인 사이에 존재했던 갈등의 중요한 점은 바리새인들의 정결법에 대한 예수님의 도전이었다. 예수님은 자신의 방식으로 이러한 율법들을 공개적으로 깨뜨렸으며, 그들에 대항하여 가르쳤다. 이것이 바리새인들이 조심스럽게 수립해 놓은 종교적 공동체의 담을 허무는 효과가 있었다. 그들은 누구를 받아들이고 누구를 거절할 것인지를 결정하고 통제하는 문지기가 되고 싶어했다. 그러나 예수님은 모든 사람, 심지어는 매춘부와 세리와 같은 사람들도 자신의 새로운 공동체–바리새인들의 통제 밖에 있는 친교로 들어오게 하였다. 그들이 예수님을 증오했다는 것은 놀라운 일이 아니다.

오늘날 교회 지도자들이 스스로 문지기로 여길 때, 어떤 사람을 받아들일 것인지 혹은 거절할 것인지에 대한 판단 기준으로 예수님에 대한 믿음보다 종교적 선행을 사용하고 있다면, 그들은 그리스도의 몸인 교회의 생명을 방해하는 책략적으로 잘못 자리를 차지하고 있는 지도자들이 된다. 그렇게 함으로써 그들은 바리새인들이 행했던 일들을 영속시키는 것이다.

영적 학대는 대부분 사람에 대한 통제가 핵심 문제이다. 예수님께서 하나님의 새로운 공동체를 선포하시고, 스스로를 그 공동체의 지도자로 세우시자 바리새인들은 사회에 대한 자신들의 통제가 사라지는 것을 보았다. 이것은 주님께 대한 그들의 분노를 자극했을 뿐만 아니라 예수님께 대하여 자신들의 권세를 휘두르도록 자극하였다. 학대하려면 권위가 필요한데, 바리새인들은 그것을 가지고 있었다.

종교적인 주도면밀함과 다른 사람들을 통제하려는 욕구가 바리새인들을 가장 위험한 사람들로 만들었다. 언젠가 루이스(C. S. Lewis)는 "거룩한 부르심이 우리를 선하게 만들지 않는다면, 그것은 우리를 가장 악하게 만들 것이다. 모든 악한 사람들 중에 종교적으로 악한 사람들이 가장 악한 사람들이다"라고 말했다.[3] 예수님은 종종 바리새인들을 퉁명스럽게 대했다. 그러나 마태복음 23장에 기록된 것을 보면 그들에 대한 예수님의 분노는 매우 강렬한 것이었다. 성격적으로 참을성이 없고 분노를 잘 폭발하는 사람이 있다면, 그의 분노는 인상적이지도 효과적이지도 않을 것이다. 그러나 언제나 친절하고 참을성 있는 사람이 어느 날 불 같은 분노를 폭발시킨다면 충격을 받을 것이다. 이것이 마태복음 23장에 나타난 이스라엘의 영적 지도자들에 대한 예수님의 분노가 우리를 사로잡는 이유이다.

 우리의 분노는 다양한 결과를 초래한다. 이러한 결과들 중에 가장 흥미를 끄는 것은 우리의 진정한 헌신에 대한 계시이다. 우리는 우리가 관심하고 있는 문제들에 대해서만 분노한다. 나는 서비스를 받기 위해 꼼짝없이 기다려야만 하는 길게 늘어선 줄에 화가 났다. 이것은 내가 불편한 상태에 있음을 걱정한다는 것을 나타내 준다. 나이를 먹을 만큼 먹은 세 아들이 작업을 한 후에 창고를 깨끗이 치우지 않는다면, 나는 화를 낸다. 이것은 내가 깨끗한 창고를 원하고 있다는 것을 나타내 준다. 그리고 또한 예수님과 같이 우리가 영적 학대자에 대하여 분노한다면, 그것은 그들의 피해자들에 대한 우리의 깊은 관심을 나타내는 것이다. 데이비드 씨맨즈(David Seamands)가 설명한 바와 같이 "악에 대하여 분노하지 않는 사람은 선에 대한 열정이 없는 사람이다. 만일 당신이 악을 미워할 수 없다면, 그것은 당신이 진정으로 의를 사랑하고 있는지 대단히 의심스러운 것이다."[4]

 신약 성경은 예수님께서 진정으로 무엇에 대하여 관심을 가지고 계셨는지를 나타내 주고 있는 몇 가지 분노에 대한 이야기를 기록하고 있다. 우리는 이러한 각각의 사건들을 통하여 예수님께서는 종교보다도 사람들에 대하여 더 큰 관심을 가지고 계셨음을 발견한다. 거짓 종교적 권위의 피해자들에 대한 예수님의 깊은 관심은 마태복음 23장을 통하여 분명하게 드러난다. 여기에 있는 바리새인들에 대한 예수님의 분노를 살펴보는 것이 주는 유익 중 하나는 오늘날의 영적 학대의 희생자들이 학대자들로부터 자유롭게 될 수 있도록 해 준다는 것이다.

   예수님은 우리에게 바리새인들이 어떻게 자신들을 따르는 사람들을 통제하는 권력을 추구하는 가를 보여줌으로써 그의 폭로를 시작한다. 그들의 권력의 근거는 모세의 자리였다. 예수님은 "서기관들과 바리새인들이 모세의 자리에 앉았으니"라고 말씀하셨다(마 23:2). 모세의 자리는 단순한 은유에 불과한 것이 아니라 실제로 회당의 맨 앞에 놓여 있는 돌로 된 의자 혹은 옥좌였다.[5] 바리새인들은 대중들에 대한 영적 권력을 행사하기 위하여 이 권위의 자리에 올랐다. 바리새인들은 자신들을 위하여 권력의 자리를 차지하였다. 그들은 하나님으로부터 기름부음을 받은 것도, 백성들에 의하여 선출된 것도 아니었다. 그들은 스스로 모세의 자리에 앉았으며, 스스로 통치하기 위한 권위를 가로챘다.[6]

   우리는 오늘날 종종 "아는 것이 힘"이라는 말을 듣는다. 예수님의 시대에는 모세의 율법을 아는 것이 힘이었다. 바리새인들은 암기한 모세의 가르침을 알고 있었고, 그것을 어떻게 가르쳐야 하고 적용해야 하는지를 알고 있었다. 그들은 전문가들이었다. 그들은 이 높은 자리에서 (소위 그들이 칭하는 바에 의하면) '폭도'들을 내려다 보았다. 바리새인들은 그들이 율법을 알지 못한다는 이유로 저주하였다(요 7:49). 오늘날 지도자들의 명칭, 학위 그리고 교회의 직책들이 영적 학대자들에게 역할을 하고 있는 것처럼 1세기의 이러한 교회의 학대자들에게 있어서도 모세의 자리가 많은 부분에서 똑같은 방법으로 역할을 하였던 것이다.

## 권위의 버팀목

나는 목회자들이 교인들에게 "나는 목사이기 때문에 여러분은 나를 따라야 합니다"라고 말하는 것을 들었다. 그들의 요구는 진리나 혹은 그들의 지도력에 대한 하나님의 지시에 근거를 두고 있는 것이 아니라 그들의 칭호에 근거를 두고 있는 것이다. 그것은 권위에 대한 잘못된 근거이다. 나는 다른 종교 지도자들이 실제로 "나는 철학 박사이기 때문에 나의 말을 신중하게 들어야 합니다"라고 말하는 것을 들었다. 그들의 말이 진실이 아니라면, 그들은 권위가 없는 것이고 우리는 그들의 말을 들을 필요가 없다. 그들의 학위는 아무런 관계가 없는 것이다. 지위에 대한 가장 대표적인 호소는 베드로의 후계자라는 것에 근거한 로마 교황의 무오설에 대한 주장이다(이것은 특히 베드로가 예수님에 의하여 '사탄'이라는 말을 들은 유일한 사람이라는 것을 보면 흥미 있는 일이다. 그는 또한 예수님을 세번이나 부인한 제자였다. 베드로는 또한 바울과의 논쟁을 통하여 진정으로 오류가 있었다는 것이 증명되었다. 갈라디아서 2장을 보라).

지위, 호칭, 학위 혹은 직책에 근거한 권위에 대한 호소는 잘못된 것이다. 유일한 권위는 하나님이 인정하는 것이며, 우리가 순종해야 할 것은 진리이다.

스스로 '권위의 자리'를 취한 남자들(때때로 여자들)은 종종 자신들의 직책, 지위 혹은 호칭을 부수적인 '특별한 자격들'로 치장할 필요를 느낀다. 그들은 자신들의 직책 혹은 지위를 뒷받침하기 위하여 '유일한 소명,' '유일한 능력,' '가장 큰 경험' 혹은 '예언적 계시' 등을 내세우려고 한다. 이러한 특별한 자격들은 그 어느 것도 참된 영적 권위를 세우는데는 전혀 아무런 역할을 하지 못한다.

자신들의 신분을 넘어서 모세의 자리에 견고하게 앉아 있는 지도자들이 행하고 있는 또다른 속임수는 스스로를 '주님의 기름부음 받은 자'로 여기는 것이다. 이것은 그들이 하나님께로부터 특별히 택함과 임무를 받았으며, 그렇기 때문에 특별한 존경을 받아야만 한다는 것을 의미한다. 구약 성경은 "주님의 기름부음을 받은 자를 만지지 말라"고 명령하고 있는데, 이것은 이러한 지도자들을 시험과 비판에서 보호하기 위한 것이다. 역대상 16장 22절과 시편 105편 15절에 나오는 이 구절은 취사선택되어 필요를 충족시키기 위해서 왜곡되었다. 다윗이 이 구절을 읊었을 때, 그는 부하들에게 하나님께서 친히 기름과 성령으로 기름부으신 사울 왕을 죽이지 말라고 경고한 것이었다.

왕을 죽이지 말라는 다윗의 경고는 오늘날 우리가 교회 지도자들을 대하는 것과는 아무런 관련이 없다. 왕족, 예언자, 제사장 등으로 구성된 고대 이스라엘의 계급 구조가 신약 성경에는 나오지 않는다. 우리는 한 분의 왕을 모시고 있으며, 나머지 우리 모두는 예언하기 위하여 권고를 받은 제사장들이다. 구약 성경에 나오는 왕과 예언자와 제사장들에게 특별히 부어졌던 영적 기름부음은 이제 모든 하나님의 백성들에게 아낌없이 부어졌다. 어떤 사람에 대해서 구약 성경의 지도자들과 같이 특별히 기름부음을 받았다고 말하는 것은 그 사람에 대해서 과장된 두려움을 갖도록 하는 것이다. 또한 그것은 하나님 나라에 존재하지도 않는 계급이 있다고 주장하는 것이다.

만일 어떤 지도자가 지위나 호칭, 혹은 특별히 기름부음을 받았다고 호소함으로써 교회에 계급을 만드는데 성공한다면, 그는 교인들을 더 쉽게 통제할 수 있을 것이다. 그들은 또한 자신들에게 도전하는 어떤 사람에 대해서도 스스로를 방어할 수 있을 것이다.

워치만 니(Watchman Nee)는 본의 아니게 교회에 바로 그러한 구조를 만들도록 오늘날의 수많은 교회 지도자들을 지원한 꼴이 되었다. 워치만 니는 기록하기를 당신이 진정으로 예수님을 몸의 머리로 알고 있다면, 또한 몸의 다른 구성원들이 서열상 당신 위에 있는 것이고, 당신은 그들에게 복종해야 한다는 것을 알게 될 것이라 하였다. 그는 "그러므로 당신은 머리뿐만이 아니라 하나님께서 머리의 상징으로 그의 몸 안에 세우신 사람들을 인정해야 한다. 만일 당신이 그들을 소홀히 한다면, 하나님을 소홀히 하는 것이 될 것"[7]이라고 말했다. 워치만 니는 다른 곳에서는 우리 위에 위임된 권위의 사람들에 무조건적으로 복종하여야 한다고 주장하였다. 그리고 "순종치 않음은 반항이며, 그 이유는 권위 아래 있는 자는 하나님께 응답해야 하기 때문"[8]이라고 주장하였다.

어떤 기회주의적인 교회 지도자들은 워치만 니의 오류에 근거를 두고 말하기를 예수님께서는 지금 "위임받은 권위자를 통하여 통치하신다—즉 예수님은 그들에게 그 다음의 권위를 주셨다. 위임받은 권위자들이 우리의 삶을 주관하는 어느 곳에서나 예수님은 마치 우리가 인격적으로 주님께 복종하듯이 그것을 이해하고 복종하기를 요구하신다"고 말한다.[9] 잘못 인식하고 있는 또다른 지도자는 다음과 같이 말하고 있다.

> 제자란 비록 지도자가 무엇을 말하는지 이해하지 못한다 해도 그에게 복종하는 자이다. 그가 배우고자 하는 간절한 마음을 갖기 때문에, 비록 그에게 하라고 요청되어지는 것이 그가 생각하는 정상적인 행위나 사고와 배치된다고 할지라도 그는 전폭적으로 복종하고 전적으로 순종적이 될 것이다. 하나님께서 그의 삶 속에 붙여주신 사람을 불신하는 것은 하나님을 불신하고 있는 것과 동일한 것이며, 하나님에 대한 믿음은 그의 제자들에 대한 그의 믿음에 의하여 증명된다.[10]

바울은 이와는 다른 경우를 알고 있었고, 갈라디아서 2장에 진술된 바와 같이 그것을 그의 선배인 사도 베드로와 대립할 때 주장하였다. 바울은 베드로가 "복음의 진리를 따라 바로 행하지 아니함을 보았을 때"(14절), "저가 책망할 일이 있기로 저를 면책하였다"(11절).

다른 곳에서도 바울은 이러한 행동을 통하여 교회에서 진리는 항상 지위나 칭호보다 더 높은 것이라고 단언하였다. 진리와 그것의 권위는 사람이나 직책에 뿌리를 두고 있지 않다. 그것은 하나님의 말씀과 그 말씀이 선포하고 있는 복음으로부터 나온다. 나는 마이클 호톤(Michael Horton)이 "주님의 기름부음과 같은 것은 없으며, 하나님의 말씀을 초월하는 설교가들…성경에 나타나 있지 않은 신성한 권위에 대한 명령들, 기대들, 계시들 혹은 지시들에 대한 어떠한 요구이든지 그것은 영적 압제와 바리새주의의 표시이다" 라고 한 말에 동의한다.[11]

이러한 분명한 신약 성경의 가르침을 무시함으로써 오늘날 많은 지도자들이 스스로를 가장 위에 놓는 교회의 계급 조직을 만들었다. 이러한 뒤틀린 그리스도의 몸의 이미지로부터 '영적 덮개'(spiritual covering)라는 개념이 나오는데, 그것은 통제의 또다른 도구로 작용한다. 영적 덮개란 권위가 맨 위에서부터 아래로 흐르는 명령 연결 고리로 설명할 수 있다. 그 연결 고리의 가장 밑에 있는 자들은 그들을 '덮고' 있는 위에 있는 자들을 바라보아야 하며, 그리스도께 복종하듯이 그들에게 복종해야 한다.

대부분의 잘못된 교리들은 어떤 한 가지 성경의 진리를 너무 과장하는데서 기인한다. 그래서 진리를 비진리로 만들거나 혹은 상황 속에서 성경의 진리를 취하여 성령이 의도하지 않는 목적에 맞추려고 왜곡시킨다. 영적 덮개의 개념은 잘못된 교리의 개념과는 다르다. 영적 덮개의 개념에는 성경적 기초가 전혀 없을 뿐만 아니라, 그것은 다수의 폭넓게 기초하고 있는 성경적 가르침 예를 들면, 교회 친교의 평등주의의 특성(마 23:8~12), 교회 훈련의 형제애의 특성(마 18장), 그리고 그리스도의 몸의 구성원들의 동질성(고전 12:14~26) 등과 같은 가르침에 배치된다. 마태복음 10장 1절에서 예수님은 제자들에게 영적 권위와 병든 자를 고치고 귀신을 쫓아내는 능력을 주셨다. 예수님께서 그의 제자들에게 질병과 악한 영을 제압하는 권위를 위임했을 때, 절대로 사람들을 지배하라고 그의 권위를 위임하신 것이 아니었다.

어떤 교회 지도자들은 '교회의 통일성'이라는 미명하에 지도력의 고압적이며 독재적인 형태와 계급주의적인 교회 구조를 방어한다. 그들은 오직 중앙집권적인 강한 권위만이 징계와 '형제들 간의 통일성'을 유지할 수 있다고 말한다. 물론 문제는 진정한 통일성은 절대로 강압에 의하여 이루어질 수 없다는 것이다. 기독교 권위주의는 영적 통일성과 획일적인 만장일치를 혼동하고 있다. 통일성은 사람들이 자유롭게 서로에게 복종함으로써 이루어진다. 그것이 어떻게 일어나는가는 신비이다. 그 과정은 종종 대단히 귀찮고 상호간의 역할 분담을 요구한다. 이에 반하여 만장일치 혹은 획일성은 독재적인 통제에 의하여 성취될 수 있다. 그것은 지시되고, 평가되고, 감시될 수 있다. 그것은 본질적으로 표면적이다. 반면에 진정한 통일성은 우선 내면적이다. 획일성은 옳은 행동을 추구한다. 반면에 통일성은 옳은 정신을 바란다. 획일성은 우리 모두가 같은 방법으로 하나님을 경험하고 같은 언어로 경험을 표현하기를 요구한다. 통일성은 다양성을 즐거워한다.

영적 학대자들은 자신들이 세워 놓은 독재적인 계급 조직 때문에 만장일치와 획일성을 강요할 수 있다. 이것은 또한 어떻게 그들이 구별된 취급과 존경을 요구할 수 있는지를 설명해 준다.

그러나 우리가 우리의 지도자들에게 표하는 존경은 오직 자유의사에 따른 것이다. 그것은 권위의 자리에 근거를 두고 있는 것이 아니라 종됨의 표현이라는 지도력에 기초한 것이다. 우리의 진정한 지도자들은 그리스도의 종이며, 우리를 위한 종이다.

## 종된 지도자

예수님은 유일한 합법적인 영적 권위는 종된 권위라는 것을 분명하게 주장하셨다. 그는 비록 이 세상의 회사와 정부의 통치자들이 그들을 따르는 자들 위에 군림하고 있을지라도 "그와 같이 하지 말라"고 하셨다. 누구든지 크고자 하는 자가 있다면 그것은 좋고 선한 것이다. 그러나 위대함은 종됨을 통하여 표현되어야만 한다. 진정한 권위는 종처럼 섬기는 것이 될 것이며, 지배자가 되는 것이 아니다(마 20:24~28; 또한 요 13장을 보라). 이 하나의 통찰이 교회에서 진정한 권위가 무엇인지를 쉽게 식별하도록 만들어 준다.

누가복음 12장 42절에서 예수님은 진정한 영적 권위를 비유의 형태로 설명하신다. 그는 "지혜 있고 진실한 청지기가 되어 주인에게 그 집 종들을 맡아 때를 따라 양식을 나누어 줄 자가 누구냐"고 묻고 계신다. 진정한 지도자들은 깊은 재능이나 혹은 뛰어난 수완이 필요치 않다. 또한 그들은 높은 지위도 필요치 않으며, 그들의 말을 확인시켜 줄 칭호도 필요 없으며, 그들의 효율성을 지지해 주기 위한 모세의 자리도 필요치 않다. 그들이 필요한 것은 오직 신실함과 지혜, 그리고 그들을 따르는 자들에게 필요한 양식을 제공해 주는 것이다.

나는 자신들을 따르는 사람들로부터 존경을 받기 위해서는 칭호나 특별한 인정이 필요하다고 느끼고 있는 목사와 교회 지도자들을 알고 있다. 그들은 사람들의 신임을 얻기 위해 결단력이 있고 힘있는 것처럼 보이려고 시도한다. 그러나 예수님께서 오직 그들에게 기대하는 것은 영양이 풍부한(환상이 아닌) 영적 양식을 요리하고 그것을 언제 공급해야 하는지를 아는 것이다. 예수님께서 좋은 지도자를 신실하고 지혜로운 청지기에 비유하셨을 때, 이 정의를 여러 가지 가능성 중의 하나로 제안하지 않으셨다. 종된 지도력만이 하나님 나라에 존재하는 유일한 지도력이다. 목회자가 이것을 거절한다면 닥쳐올 심판은 신속하고 엄할 것이다. 학대하는 지도자는 매를 맞고 (47~48절), 심지어 '찢기우게' 될 것이다(46절).

예수님은 지도자들이 집의 종과 같은 자세로 봉사해야 한다고 가르치셨을 뿐만 아니라, 그것을 어떻게 하는지를 우리에게 **보여주셨다**. 당시의 문화에서 손님들이 집안으로 들어올 때에 발을 씻겨 주는 일은 가장 낮은 종에게 맡겨졌다. 예수님께서 제자들의 발을 씻기신 후에 다음과 같이 말씀하셨다. "너희가 나를 선생이라 또는 주라 하니 너희 말이 옳도다 내가 그러하다 내가 주와 또는 선생이 되어 너희 발을 씻겼으니 너희도 서로 발을 씻기는 것이 옳으니라 내가 너희에게 행한 것같이 너희도 행하게 하려 하여 본을 보였노라"(요 13:13~15). 예수님의 교회에서 진정한 영적 권위는 지배하기 위하여 모세의 자리에 오르는 것이 아니라, 섬기기 위하여 무릎을 꿇는 것이다.

예수님의 종된 지도력은 단지 하나의 자기 계시의 형태나 혹은 우리 가운데서 그분의 커다란 임무를 보여주기 위한 일시적인 표현에 불과한 것만은 아니었다. 예수님의 '종' 되심은 어제나 오늘이나 영원히 동일하시다. 예수님은 재림에 관하여 비유로 말씀하신 적이 있다. "주인이 와서 깨어 있는 것을 보면 그 종들은 복이 있으리로다" 그리고 나서 칼을 휘두르는 심판자의 모습으로 오실 분을 예상하고 있는 사람들에게 충격을 주었다. 예수님은 다음과 같이 말씀하셨다. "주인이 띠를 띠고 그 종을 자리에 앉히고 나아와 수종하리라"(눅 12:35~40).

바울은 종된 지도력에 대한 예수님의 양식이 바로 우리의 것이어야 한다는 것을 분명하게 알았다. 그는 다음과 같이 말하고 있다. "너희 안에 이 마음을 품으라 곧 그리스도 예수의 마음이니 그는 근본 하나님의 본체이시나 하나님과 동등됨을 취할 것으로 여기지 아니하시고 오히려 자기를 비어 종의 형체를 가져 사람들과 같이 되었고"(빌 2:5~7). 예수님은 하나님과 같은 지위의 권위를 옆에 두고 대신 종이라는 기능상의 권위를 취하셨다. 예수님을 따르는 자들로서 우리는 지위에 의한 권위를 취하기 위하여 종된 권위를 거절해서는 안 될 것이다.

지위에 의한 권위는 지배하고 강요하기 위한 힘을 동반한다. 그러나 종된 권위는 기꺼이 이 권세를 포기하며, 그럼으로써 복종하는 사람은 오직 자유롭고 자발적으로 복종할 수 있다.

처음에 예수님은 자신을 따르도록 우리를 부르시지만 지배하지 않으신다. 그는 따르도록 우리를 강요하지 않고 이끄신다. 지상에서 수년간 사역하시는 동안 그를 따르는 것에 대한 대가를 지불하지 않기로 결정한 제자들은 자유롭게 떠났다. 예수님은 두려움보다는 우정을 통하여 이끄신다. 그분의 주권적인 은혜는 우리로 하여금 그의 주님되심에 복종할 수 있게 하지만(이것은 우리의 일생에서 가장 최선의 결정이다) 그렇게 결정하도록 강요된 것은 아니다. 일단 우리가 예수님과 구원 관계로 태어나면, 예수님은 계속해서 선택할 수 있는 우리의 자유를 격려해 주신다. 매일 우리 삶에서 그분은 자발적으로 따르도록 초대하신다. 예수님은 강제로 따르게 만들려고 자신이 가지고 있는 절대적인 권위를 전혀 사용하지 않으신다.

사도 바울은 자신의 목회에 예수님의 비강제적이며 비학대적인 지도력의 형태를 완전히 통합한 것으로 보인다. 무엇보다도 그는 그리스도의 몸은 비계급적인 살아 있는 유기체라고 가르쳤다. 그는 하나님께서 실제로 부족한 지체들에게 존귀함을 주셔서 몸의 지체들 가운데 절대적인 동질성을 부여하셨다고 설명하였다(고전 12:24~25).

비록 바울이 사도, 예언자, 복음 전도자 그리고 그와 같은 직책들을 알고 있었지만, 그는 이러한 은사 혹은 재능들은 그리스도의 몸을 위한 것이라고 이해했다. 바울의 글에서 이러한 직책들이 피라밋구조와 같은 힘의 구조를 구성하였다는 암시는 하나도 없다. 바울이 회심한 후 지도자로서의 자신이 거절당했을 때, 그는 강제로 지위를 차지하기 위하여 애를 쓰지 않았다. 비록 바울이 모든 사도들 중에서 가장 사도다운 마음을 가지고 있었지만, 그는 자신의 권위를 방어하기 위하여 직책이나 혹은 교회의 힘을 사용하지 않았다. 고린도에서 경쟁자와 험담을 퍼뜨리는 사람들과 직면하였을 때 그는 다음과 같이 말하였다. "그리스도의 온유와 관용으로 친히 너희를 권하노라"(고후 10:1; 또한 롬 10:1; 고후 1:24; 8:8; 살전 2:7; 몬 8~9를 보라).

바울은 절대로 모세의 자리나 혹은 그와 유사한 것을 빌어서 권고하지 않았다. 그 대신에 그는 자신을 따르는 사람들에게 겸손하였으며, 친절하게 응답하기 위하여 초대하고 있다. "고린도인들이여 너희를 향하여 우리의 입이 열리고 우리의 마음이 넓었으니 너희가 우리 안에서 좁아진 것이 아니라 오직 너희 심정에서 좁아진 것이니라 내가 자녀에게 말하듯 하노니 보답하는 양으로 너희도 마음을 넓히라"(고후 6:11~13).

우리는 어떻게 진정한 권위가 섬김으로부터 나오는지, 그리고 자발적으로 복종하는 것인지를 알아보았다. 지도력과 제자도를 정의하면서 이런 용어에서 영적 학대를 생각한다는 것은 사실상 불가능하다.

## 순종이냐 저항이냐

그러나 어떤 사람은 "데살로니가전서 5장 12~13절에 대해서는 무엇이라고 할 것이냐?"고 말할 것이다. 거기서 바울은 "형제들아 우리가 너희에게 구하노니 너희 가운데서 수고하고 주안에서 너희를 다스리며 권하는 자들을 너희가 알고 저의 역사로 말미암아 사랑 안에서 가장 귀히 여기며 너희끼리 화목하라'고 하였다.

바울이 우리에게 '가장 귀히 여기도록' 권하고 있는 이러한 지도자들은 오직 우리 가운데서 우리를 위하여 '열심히 일했기 때문에' 그러한 여김을 받은 것이다.

또다른 어떤 사람은 "히브리서 13장 17절에 대해서는 무엇이라고 할 것이냐?"고 말할 것이다. 여기서 히브리서 기자는 우리에게 "너희를 인도하는 자들에게 순종하고 복종하라 저희는 너희 영혼을 위하여 경성 하기를 자기가 회계할 자인 것같이 하느니라"고 말하고 있다. 먼저 이 구절은 아무 지도자에게 적용될 수 있는 것이 아니라 무엇보다도 우선적으로 자신을 따르는 사람들을 위하여 '경성' 하고 있는 종처럼 일하고 있는 지도자에게 적용할 수 있는 것이다. 둘째로 신약 성경은 여기서 '복종하다' (*peithomai*)는 단어를 사용할 때에 권리나 법령의 명령에 대한 복종을 언급하고 있는 것이 아니다. 그보다 이 신뢰의 종류는 지도자의 인격과 신념의 힘에 대한 응답으로서 자발적으로 지도자에게 주는 것이다.[12] 히브리서 13장 17절을 해석하면서 레이 피콕(Ray Peacock)는 다음과 같이 말했다. "그러한 복종은 명령되어진 것에 맹목적으로 집착하도록 개인의 의지를 파괴하지 않고 신중하게 생각하도록 초대하며, 그의 양심에 따라 하나님 앞에서 최종적인 결정자가 되게 한다."[13]

로버트 클린톤(Robert Clinton)은 이러한 노선을 따라 영적 권위에 대한 해석을 하고 있다. "설득력있는 능력은 추종자들의 순종을 얻는다. 그러나 추종자들이 도덕적 책임을 행사하도록 그들의 자유를 보호한다."[14]

신약 성경은 영적 지도자는 지도하기 위한 관리나 교회의 권력이 아니라는 것을 분명히 하고 있다. 그들은 오직 추종자들에게 협력하도록 호소하고 설득할 뿐이어야 한다. 신약 성경을 읽음으로써 추종자들은 어떤 지도자에게도 복종하는 관계에 빠져서 지배당하거나 수치를 당하지 않을 수 있다는 것을 이해하게 될 것이다. 그들은 협력하거나 또는 협력하지 않을 자유가 있다.

그러면 왜 스스로 모세의 자리에 앉은 자들은 (그때나 지금이나) 그렇게 하나님의 백성을 통제하고 조종하고 학대하는데 효과적인가? 나는 다음 장에서 학대자와 학대받는 자의 심리에 대해서 논하려고 한다. 이제 왜 민감하고 지적인 사람들이 영적 학대에 순응하는지 몇 가지 기본적인 관찰을 해보도록 하자.

알려진 모든 인간 사회에서 대부분의 사람들은 지도 받기를 원하고 있다는 것이 밝혀졌다. 그들은 극소수만이 저항의 노선을 따르며, 대다수는 자신들을 위해 결정을 해주는 힘을 가진 지위자들에게 자신들을 맡긴다. 성경은 이것을 잘 이해하고 있어서 우리를 종종 '양'으로 비유하고 있다. 이것은 우리가 권위를 가진 사람들이 규칙을 만들고 그것을 우리에게 적용하도록 맡기는 경향이 있다는 것을 의미한다. 그들이 학대하는 태도로 규칙을 운영할 때, 우리는 거기에 먼저 복종하려고 하는 경향이 있다.

지도자를 원하는 우리의 경향은 고칠 수 없는 종교적인 본성과 결합되어 있다. 우리가 하나님을 간절히 바라고 있다는 것은 우리에게 본질적인 것이다. 그것은 우리의 존재에 대한 가장 중요한 국면이다. 그러므로 스스로 모세의 자리에 앉아서 하나님의 중재자인 체하는 자들은 지도자에 대한 우리의 바람 그리고 하나님에 대한 우리의 간절함을 이용할 수 있다. 하나님을 기쁘게 하려는 가장 정직한 욕구를 가진 사람들이 하나님의 중재자처럼 스스로 영적 권위를 취한 사람들에 의해 희생자가 되기가 누구보다 쉽다는 것은 놀라운 일이 아니다. 영적으로 예민하다는 것은 가장 위험한 상태일 수 있다.

수년 동안 나는 예수님을 믿는 많은 아내들이 하나님의 권위에 복종하려는 의도(비록 그것은 잘못된 것이었지만)를 가지고 있다는 이유로 심한 학대를 하는 남편들에게 잘못 복종하는 것을 보아 왔다. 또다른 사람들은 같은 이유로 학대적인 교회에 자발적으로 머물러 있다.

과거에 교회의 지도자들로부터 고통을 당했을 상처는 여러분이 어떤 잘못이 있었기 때문에 받아야만 했던 것이 아니라 여러분이 옳았기 때문에, 즉 하나님께 더욱 가까이 가고 그분을 기쁘시게 하려는 것 때문이었다는 것을 깨닫는 것은 여러분을 평안하게 해줄 것이다.

그럼에도 불구하고 그리스도는 우리를 영적 성숙으로 부르신다. 그것은 다른 한편으로 그분이 하신 것처럼 영적 권위에 저항하라는 의미이다. 나는 스테펜 아터번(Stephen Arterburn)과 잭 펠톤(Jack Felton)이 "우리는 그리스도의 모범을 따를 용기를 가져야 하며, 결혼과 혹은 조직과 같은 체제가 잘못되었다면 그것을 뒤바꿔 놓을 용기를 가져야 한다. 폭력과 부정직과 학대 앞에서 아무 소리 없는 순종은 그 학대를 우리의 후손들에게 그대로 남겨 주는 것에 지나지 않을 것이다"[15] 라는 말에 동의한다.

우리는 항상 지도자들을 원할 것이며 하나님이 필요할 것이다. 그렇기 때문에 우리는 학대하는 지도자와 좋은 지도자를 구분하는 것을 배워야 한다. 다음 장에서 우리는 어떻게 그렇게 할 수 있는가를 생각해 볼 것이다.

우리는 악한 목회자들이 자신들을 위하여
선포한 선한 진리들 중에서 가장 악한 것을 생각하거나
악한 판사들이 자신들을 위하여 강요한 선한 법 중에서
악한 것을 생각해서는 안 된다.
— 매튜 헨리

삼가 바리새인과 사두개인들의 누룩을 주의하라.
— 예수 그리스도

# 3
## 바리새인들의 누룩을 주의하라

**바리새인들은** 그들의 공동체로부터 성경 교사로 인정을 받은 관리들이었다. 그들은 많은 것을 배웠기 때문에 성경을 가르치는 데 대단히 능숙한 것으로 여겨졌다. 그들은 성경의 부분(심지어는 전체)을 암기하였다. 대중들이 자신들의 특별한 삶의 상황에 적용하기 위한 본문을 알기 원할 때 그들은 그것을 말해 줄 수 있었다. 이러한 성경 학자들은 대중의 인정을 받고 더욱 도덕적인 사람이 되기 위하여 어려운 공부를 하고 훈련을 받았다.

공동체에서 그들은 가장 존경을 받는 사람들이었다. 그러나 예수님은 그들을 매우 싫어하셨다. 아니면 적어도 싫어하신 것처럼 행동하셨다. 예수님은 그들을 책망하시고, 그들의 행동을 비난하시고, 그들의 가르침을 배척하셨다. 가르침 속에서 바리새인들을 언급할 때마다 예수님은 그들을 부정적인 예로 사용하셨다. 비록 그들이 성경의 말씀을 알고 있었으나, 예수님은 그들이 성경의 중심 내용을 빠뜨렸다고 말씀하셨다. 예수님은 직접적으로 그들에게 다음과 같이 말씀하셨다. "또한 나를 보내신 아버지께서 친히 나를 위하여 증거 하셨느니라. 너희는 아무 때에도 그 음성을 듣지 못하였고 그 형용을 보지 못하였으며 그 말씀이 너희 속에 거하지 아니하니 이는 그의 보내신 자를 믿지 아니함이니라 너희가 성경에서 영생을 얻는 줄 생각하고 성경을 상고하거니와 이 성경이 곧 내게 대하여 증거 하는 것이로다. 그러나 너희가 영생을 얻기 위하여 내게 오기를 원하지 아니하는 도다"(요 5:37~40).

예수님을 놓치는 것은 생명을 놓치는 것이요, 그것은 그들 자신을 잃어버리는 것이었다. 그러나 예수님께서 더욱 분개하신 것은 그들이 어떻게 그들에게서 지도력을 원했던 대중들의 생명을 부정했는가에 대한 것이었다. 마태복음 9장 35~36절은 예수님의 마음을 분명하게 함축하고 있다. 그들은 이스라엘 백성들의 목자인 체하였지만 쓸모도 없고 해로울 뿐이었다. "예수께서 모든 성과 촌에 두루 다니사 저희 회당에서 가르치시며 천국 복음을 전파하시며 모든 병과 모든 약한 것을 고치시니라. 무리를 보시고 민망히 여기시니 이는 저희가 목자 없는 양과 같이 고생하며 유리함이라"

예수님은 많은 바리새인들과 다른 사람들이 있는 회당에 서서 무리들이 목자 없는 양같이 고생하며 도움을 받지 못하고 있다고 말씀하셨다. 그것은 가장 공격적인 도전의 하나였다. 당신이 다음 주일에 수많은 목회자와 직원들이 앉아 있는 어떤 큰 교회의 예배 한가운데 서 있다고 상상해 보라. 그리고 당신 스스로 다음과 같이 말하고 있는 것을 생각해 보라. "이 회중은 근심과 염려가 가득하고 무능력합니다. 그것은 여러분에게 진정한 목회자가 없기 때문입니다!"

## 양을 이용함

예수님은 바리새인들의 선행을 검토하시고 그것을 발견하기를 원하셨다. 그분이 하신 일이 보여주고 있는 것처럼, 예수님은 진정으로 에스겔 당시의 목자들을 생각하고 계셨다. 고대 이스라엘의 목자들의 임무에 대한 묘사는 (비록 부정적인 언어로 말하고 있지만) 에스겔 34장에 가장 잘 나타나 있다. 이 장에서 하나님은 선행을 조사하기 위하여 그의 목자들을 부르셨으나, 그들을 단념하신다.

> 인자야 너는 이스라엘 목자들을 쳐서 예언하라. 그들 곧 목자들에게 예언하여 이르기를 주 여호와의 말씀에 자기만 먹이는 이스라엘 목자들을 화 있을진저 목자들이 양의 무리를 먹이는 것이 마땅치 아니하냐 너희가 살진 양을 잡아 그 기름을 먹으며 그 털을 입되 양의 무리는 먹이지 아니하는도다 너희가 그 연약한 자를 강하게 아니하며 병든 자를 고치지 아니하며 상한 자를 싸매어 주지 아니하며 쫓긴 자를 돌아오게 아니하며 잃어버린 자를 찾지 아니하고 다만 강포로 그것들을 다스렸도다 목자가 없으므로 그것들이 흩어지며 흩어져서 모든 들짐승의 밥이 되었도다(2~5절).

서구 사회에서 목회자들은 종종 설교와 관리의 이유로 비판을 받는다. 그러나 하나님께서 그의 목회자들을 살피실 때 이러한 기준들을 언급하지 않으셨다. 하나님은 이스라엘 목회자들이 연약한 자를 강하게 하거나 병든 자를 고쳐 주지 않았다는 것을 지적하셨다. 그들은 "쫓긴 자를 돌아오게 아니하며 잃어버린 자를 찾지 아니하였다." 이것은 그들이 진정한 임무인 백성들을 돌보는 것보다 더 중요한 어떤 것을 찾고 있었다고 말할 수 있다. 더 나아가서 그들은 강포로 다스렸다(4절). 혹은 예수님께서 나중에 말씀하신 것과 같이, "또 무거운 짐을 묶어 사람의 어깨에 지우되 자기는 이것을 한 손가락으로도 움직이려 하지 아니하였다"(마 23:4).

에스겔과 예수님은 모두 목자들의 근본적인 잘못을 비난하고 있다. 그것은 목자들이 양들을 섬기기보다는 이용하였다는 것이다. 그들은 양의 욕구를 충족시키기보다는 반대로 양이 자신들의 욕구를 충족시키기 위하여 존재하고 있는 것처럼 행동하였다. 오늘날 목자들이 그들의 회중과 추종자들을 교회 성장 전략이나 십일조나 자신들의 프로그램을 위해 일하는 사람들로 본다면, 그들은 예수님과 에스겔이 비판한 목회 스타일을 따르고 있는 것이다.

## 장로들의 유전

일반적으로 예수님은 그 시대의 목자들을 에스겔 시대의 목자들과 똑같이 쓸모 없고 해로운 것으로 보았다. 마태복음 15장 1~14절에서 예수님은 바리새인들의 가르침과 행위들을 본받아서는 안된다는 것을 분명하게 말씀하셨다. 이 말씀은 바리새인들이 예수님께서 제자들이 "장로들의 유전을 범하도록" 하였다고 비난한 데서 시작된다. 즉 먹기 전에 손을 씻지 않았다는 것이었다(2절). 예수님은 그들에게 퉁명스럽게 다음과 같이 되묻는 것으로 대답하셨다. "너희는 어찌하여 너희 유전으로 하나님의 계명을 범하느뇨"(3절). 다음 구절들을 통하여 예수님은 어떻게 그들이 성경의 보호자인 체하면서 실제로는 성경을 범하는가를 우리에게 보여주고 계신다. 그들은 분명히 자신들의 손은 씻는다. 그러나 그들은 하나님께서 공경하라고 하신 부모를 학대하고 있다(3~6절).

예수님은 소위 성경의 방어자들을 '위선자'이며, 이사야 선지자가

한 말을 인용하여 "사람의 계율로 가르치는 자들"(8절)이라고 말씀하신다. '사람의 계율' 혹은 바리새인들이 말한 '장로의 유전'은 바로 최고의 성경 해석을 의미하는 것이라는 사실을 알면 놀랄 것이다. 이 '장로들의 유전'은 히브리 성경에 대한 권위적인 해석과 적용을 의미하는 것이었다. 이것을 현재 우리에게 비유한다면 기독교 신앙에 대한 가장 존경받을 만한 해석과 적용이 될 것이다.

여러분이 의지하고 있는 배경, 즉 여러분의 장로들의 유전에는 「성 어거스틴 총서」, 칼빈의 「기독교 강요」, 「루터 총서」, 「웨스트민스터 신앙고백」, 혹은 칼 바르트의 「교회 교의학」들이 포함될 수 있을 것이다. 이러한 유전들도 가치가 있는 것이겠지만, 예수님은 성경 자체가 우선해야 한다는 것을 암시하셨다. 이것은 지도자들은 특히 성경을 연구하는 것을 최우선으로 삼아야 한다는 것을 의미한다. 성경을 중심에 놓는다는 것이 절대적으로 학대로부터 안전하게 해주는 것은 아니지만, 그러나 인간의 유전에 초점을 두는 것은 학대를 더 쉽게 만든다.

예수님은 마태복음 15장에서 바리새인들의 가르침에 대해 경고하시면서 다음과 같이 결론을 맺고 계신다. "그냥 두어라 저희는 소경이 되어 소경을 인도하는 자로다 만일 소경이 소경을 인도하면 둘이 다 구덩이에 빠지리라"(14절).


## 누룩을 주의하라

마태복음 16장 6절 ~ 12절을 보면 예수님은 그의 제자들에게 바리새인들을 주의하라고 경고하고 있다.

> 예수께서 이르시되 삼가 바리새인과 사두개인들의 누룩을 주의하라 하신대 제자들이 서로 의논하여 가로되 우리가 떡을 가져 오지

아니하였도다 하거늘 예수께서 아시고 가라사대 믿음이 적은 자들아 어찌 떡이 없음으로 서로 의논하느냐 너희가 아직도 깨닫지 못하느냐 떡 다섯 개로 오천명을 먹이고 주운 것이 몇 바구니며 떡 일곱 개로 사천 명을 먹이고 주운 것이 몇 광주리이던 것을 기억지 못하느냐 어찌 내 말한 것이 떡에 관함이 아닌 줄을 깨닫지 못하느냐 오직 바리새인과 사두개인들의 누룩을 주의하라 하시니 그제야 제자들이 떡의 누룩이 아니요 바리새인과 사두개인들의 교훈을 삼가라고 말씀하신 줄을 깨달으니라

예수님은 "삼가 바리새인과 사두개인들의 누룩을 주의하라"(6절)는 말씀으로 경고를 시작하신다. 제자들은 순간적으로 실제 빵에 넣는 누룩에 대한 말로 생각하여 혼란스러워 하였다. 그러나 유대인들에게 있어서 누룩은 악을 비유하는 것이었다. 누룩은 밀가루 반죽에 섞여서 보이지도 않고 소리도 없이 그 성질을 천천히, 그러나 확실하게 변화시킨다. 그와 같이 예수님은 신학적인 누룩이 성경의 진리 안에 섞여서 그 진리를 점진적으로, 그러나 피할 수 없이 변화시키며 파괴시키고 있다고 말씀하고 계신 것이다.

누룩은 저항할 수 없는 부패시키는 세력이다. 그것은 진리에 배어들어 그것을 변화시키고 진리와 거짓을 섞어 버리는 악의 부패물이다. 물론 이것은 순수한 거짓보다 더 위험하다. 그 이유는 순수한 거짓은 쉽게 눈에 띄고 거절되기 때문이다. 그러나 진리 안에 숨어 있는 거짓은 우리로 하여금 그것을 받아들이도록 속인다.

예수님은 그 당시에 '천한 사람들'로 여겼던 창녀나 세리들의 누룩을 주의하라고 경고하지 않으셨다. 그들의 악은 명백해서 상대적으로 해롭지 않았다. 진정한 위험은 존경받는 사람들에 의해 말해진 진리의 몸 안에 섞여 있는 아주 고상하게 들리는 종교적 거짓이다. 예수님은 스스로 종교적인 권위를 가진 사람들에 대하여 주의하라고 우리에게

경고하신다. 필립 켈러(Philip Keller)가 자신의 책 「강단의 약탈자들」 (Predators in Our Pulpit)이라는 책에서 말하고 있는 것처럼, "오늘날 교회에 대한 가장 큰 위협은 밖으로부터가 아니라 바로 그 안에 있는 우리 자신의 지도자로부터 온다"[1]

그러면 예수님께서 제자들에게 경고하신 신학적인 누룩은 무엇이었을까? 그리고 그것은 오늘날 우리에게 어떤 모습으로 올까? 이 구절에 대한 데일 브룬너의 주석에 의하면, 바리새인의 누룩은 그들의 '완벽주의 신학'[2]—즉 하나님께로부터 높은 지위를 얻고 축복을 받기 위해 종교적 의무를 완벽하게 수행하는 것을 의미한다. 또는 윌리엄 헨드릭슨이 말한 것처럼, 바리새인과 사두개인들의 누룩은 "스스로의 노력으로 '구원' 혹은 '안전감'을 얻기 위해 노력하는 가운데 보여지고 있는 것처럼 그들의 삶을 지배하고 있는 기본적인 원리였다. 그들에게 있어서 종교는 어떤 기준에 대한 외면적인 일치였다"[3]

오늘날 '바리새인들의 누룩'과 유사한 것은 우리가 **율법주의**라고 부르는 것이다. 율법주의라는 말은 만일 우리가 충분히 훈련된 적절한 그리스도인으로 행동한다면, 하나님께서 우리를 기뻐하실 것이고 우리에게 보상해 주실 것이라는 다양한 관념을 담고 있다. 그것은 우리가 더 많이 더 열심히 한다면 하나님의 호의를 받을 수 있을 것이며, 그렇기 때문에 그의 자비와 은혜에 전적으로 의지할 필요가 없다는 것이다.

율법주의는 영적 학대의 가장 큰 무기이다. 추종자들을 통제하기 위한 다양한 종교적 규범들은 권위주의의 가장 최고의 무기이다. 율법주의는 안전과 확신의 추구에 대한 지도자들의 강박적인 욕구의 표현이다. 만일 그들이 해야 하거나 하지 말아야 될 것에 대한 철저한 목록들을 강요할 수 있다면, 그들은 자신들이 갈망하는 안전과 확신을 얻을 것이라고 생각한다.

추종자들은 그것이 하나님을 기쁘시게 하고 호의를 얻는 방법이라는 말을 들었기 때문에 이러한 학대적인 제도에 협조한다. 그러나 비극적이게도 이러한 양심적인 규범의 준수는 결과적으로 하나님으로부터 우리를 멀어지게 한다. 예수님의 십자가가 하나님께서 우리를 용납하시기에 충분하지 않다는 의미를 함축하고 있는 모든 종교적인 행위는 우리를 하나님과 가까워지게 하는 것이 아니라 멀어지게 한다.

## 누룩이 퍼진 갈라디아 교회

사도 바울은 갈라디아 교인들에게 보낸 편지에서 율법주의에 대한 비유로 누룩을 사용하고 있다. 그는 경고한다. "적은 누룩이 온 덩이에 퍼지느니라"(갈 5:9; 고전 5:6~7절을 보라). 바울에게 있어서 이 '적은 누룩'은 유대교의 할례와 다른 종교적인 율법주의이다. 외관상으로 기독교 교사인 이들이 바울을 따라 갈라디아에 들어와서 오직 그리스도를 믿는 믿음을 통하여 구원을 얻는다는 바울의 복음에 다른 종교적인 요구들을 첨가하였다. 이러한 소위 유대 주의자들은 그리스도에 대한 믿음을 통한 구원을 부정하지 않았다. 그들은 아마도 이방 신자들을 성숙하게 도와주기 위하여 단순하게 약간의 유대교의 가르침을 첨가하였을 뿐이었다(갈 3:3). 그들은 사실상 다음과 같이 말하였다. "예수님은 우리에게 그리스도인의 삶을 시작하도록 해 주셨다. 그러나 우리는 우리 자신의 종교적 선행을 통하여 성숙해져야 한다."

현대의 복음 주의자들은 우리가 율법을 통하여 우리의 목표를 얻을 것이라는 희망 아래 우리 스스로 율법의 짐을 져야 한다는 점에서 갈라디아 교인들과 매우 유사하다. 우리는 더욱 열심히 좀더 하면 성숙과 거룩함과 축복이 반드시 올 것이라는 거짓말을 아주 쉽게 믿는다.

'오직 은혜와 오직 십자가를 통한 용납' 이라는 말은 물론 오늘날의 형식적인 가르침이다. 복음의 말씀은 율법주의의 거짓으로 덮여 있어서 우리는 유독한 진리와 오류의 혼합물을 삼킨다. 그 결과는 영적 질병이다.

나는 최근에 지방 교회에서 연속된 주말의 두 회합에 참가했었다. 첫 번째 주제는 '은혜' 였고, 두 번째 주제는 '거룩함' 이었다. 첫 번째 회합의 발표자들은 표준적인 종교개혁의 진리인 '오직 은혜를 통한 구원,' '오직 믿음만을 통한 구원' 그리고 '성령의 능력을 통한 점진적인 성화' 에 대해서 가르쳤다.

그러나 그 다음 주말에 열렸던 '거룩함의 회합' 에서 가르쳤던 자들은 이 모든 가르침과 사실상 모순되었다. 그들은 하나님께서 우리를 용납하시기 위해서는 우선적으로 그리스도의 십자가를 통해서이지만, 우리는 "그분의 숭고한 목적을 받아들였다는 것을 우리 스스로 보여주기 위하여 노력해야만 한다"고 가르쳤다. 그들은 하나님께서 추종자들의 상대적인 거룩함(이 거룩함은 신약 성경의 용어라기 보다는 문화적인 정의였다)에 따라 그들을 평가하고 촉진시킨다는 것을 분명히 하였다. 그들은 되풀이해서 "하나님은 깨끗지 않은 그릇에 그의 능력과 권위를 위임하지 않을 것" 이라고 주장하였다. 이 회합은 그리스도에게로 되돌아오도록 인도하기 위한 '거룩한 하나님의 마지막 때의 군사' (Holy End-Times Army)에 참여할 사람들을 모집하기 위한 목적을 가지고 있었다.

그러한 '거룩함' 과 '부흥' 의 가르침은 마치 연례적으로 전염성의 독감이 대중들을 괴롭히는 것처럼 음울하고 기쁨이 없는 이단 사설들 가운데서 주기적으로 교회를 괴롭히고 있다. 이 회중들은 율법주의 누룩의 특성들로 얼룩이 질 것이며, 특히 지난 주에 받아들인 은혜에 대한 기초적인 가르침에 대해서 그럴 것이다. 그러나 '거룩함' 에 대한 가르침이 은혜의 메시지에 대한 '균형'인 것처럼 맞물려 있었기 때문에 (마치 오류가 진리를 가늠할 수 있기나 한 것처럼), 그것은 그대로 받아들여졌다. 이러한 진리와 거짓의 혼합은 많은 사람들에게 충격을 주었으며, 그 결과가 어떤 사람들에게는 영적으로 매우 치명적일 수 있었다.

사도 바울에 의하면 영적 누룩은 실제로 영적 죽음의 원인이 될 수 있다. 그는 하나님과 우리의 관계가 그리스도의 공로와 우리 자신의 노력에 기초하고 있다면 그것은 사실상 그 관계를 파괴하는 것이며, 그리스도가 우리에게 '아무 유익도 없게' 만드는 것(갈 5:2)이라고 매우 퉁명스럽게 말하고 있다. 바리새인들의 누룩은 생명의 빵에 독약과 같이 해로운 것이다.

바울의 견해에 의하면, 믿음으로 그리스도께 온 이방인에게 그리스도의 공로에 어떤 것을 더하기 위하여 할례를 받게 하는 것은 결과적으로 그리스도를 잃게 하는 것이다. 그러한 사람들은 "그리스도에게서 끊어지고 은혜에서 떨어진 자"들이다(갈 5:4). 그는 할례의 작은 베어 냄이 거의 생명을 위협하는 것과 같다고 주장하고 있다. 우리는 디모데후서 2장 17절에서 이와 유사한 비유를 보게 되는데, 거기서 거짓 가르침의 누룩은 부패의 근원으로 여겨지고 있다. 그것을 제거하지 않고 그대로 둔다면, 그것은 전체 조직을 파괴할 것이다.

마틴 루터는 갈라디아서 주석에서 은혜의 복음에 어떤 다른 종교적인 선행을 더하는 것은 그것이 사소하게 보이는 것이라 하더라도 "그것은 인간이 상상할 수 있는 것보다 더 위험하다. 그것은 은혜에 대한 지식을 망쳐 놓고 불분명하게 만들 뿐만 아니라 그리스도와 그의 모든 축복을 제거하고 결과적으로는 복음을 통째로 던져 버리게 한다"[4] 고 말한다.

바울은 갈라디아 사람들이 종교적인 율법을 첨가하여 그리스도의 복음을 파괴하는 것을 보고 실망하고 분노하였다. 그는 그들에게 그리스도인의 삶을 시작하던 때를 상기시키면서 다음과 말하고 있다. "어리석도다 갈라디아 사람들아 예수 그리스도께서 십자가에 못박히신 것이 너희 눈앞에 밝히 보이거늘 누가 너희를 꾀더냐"(갈 3:1). 그는 사실상 성숙한 그리스도인의 삶은 은혜와 율법의 혼합이 아니라 오직 은혜를 통해서라고 말하는 것이다. "너희가 이같이 어리석으냐 성령으로 시작하였다가 이제는 육체로 마치겠느냐"(3:3).

예수님과 같이 바울은 은혜를 통한 하나님의 용납에 인간적인 선행의 누룩을 혼합하는 종교 교사들에 대하여 아주 적대적인 언어를 사용하였다. 갈라디아 사람들을 향하여 "누가 너희를 꾀더냐"고 말하고 있는 것은 그들의 거짓 교사들이 마녀라는 것을 암시한다. '꾀다'는 말은 '악한 눈'을 가리키는 말인데, 그것은 지중해 지역에서 마술의 가장 으뜸가는 방법이었다.[5] 악한 눈은 (율법주의에 대한 설명과 같이) 마녀가 희생자의 생명을 천천히 빨아내는 마력이었다. 어느 누구든지 하나님의 선물인 생명을 거절하고 그것을 위한 선행으로 되돌아간다면 분명히 그는 그 생명을 잃게 될 것이다. 바울의 생각에 의하면, 그렇게 자기 파괴적이며 어리석은 방법으로 행동하는 사람은 누구나 분명히 꾀임을 받은 것이다.

이러한 생명을 빨아먹는 신학적인 마법을 마녀처럼 여기지 않는 사람들, 심지어는 그들 스스로가 그런 자들을 기억하는 것은 매우 중요하다. 그들은 바리새인들과 같이 보이지 않는다. 그들은 존경을 받고, 높은 훈련을 받았으며, 경건하게 보인다. 루터는 다음과 같이 주석하고 있다. "더욱 거룩해 보이는 이교도들은 더 위험스러운 요인을 가지고 있다. 만일 거짓 사도들이 권위와 거룩해 보이는 것과 같은 눈에 띄는 재능들을 가지고 있지 않았다면, 그리고 그들이 그리스도의 사절이고 복음의 신실한 선포자라고 주장하지 않았다면, 그들은 갈라디아 사람들에게 그렇게 쉽게 감명을 주지 못했을 것이다"[6]

이러한 거짓 교사들에 대한 바울의 통찰력은 그들이 외모나 재능이나 능변이나 그들의 배움이나 혹은 그들의 경험에 기초한 것이 아니었다. 간단히 요약한다면, 그는 이러한 인상깊은 지도자들을 갈라디아 사람들이 평가한 것과 동일하게 생각하지 않았다. 바울은 그들이 얼마나 재능이 있는가 혹은 그들이 겉보기에 얼마나 경건한가를 살피지 않았다. 그는 그들이 은혜의 복음에 신실하게 남아 있는가를 알고 싶어했다. 그들이 그렇게 보이지 않을 때, 그는 그들을 마녀로 부르며 그들을 절대로 용납하지 말 것을 요구하였다. 바울에게 있어서 그리스도의 완전한 공로에 어떤 다른 바리새적인 공로를 더하는 것은 중심을 벗어난 것일 뿐만이 아니라, 그것은 악한 것이며 반드시 거부되어야만 하는 것이었다(갈 5:7~12).

## 외관상의 모순

마찬가지로 예수님께서 바리새인들의 누룩을 조심하라고 우리에게 말할 때, 그는 바리새인들의 율법주의로부터 우리를 보호하라는 의미인 것이다(마 16:6). 종교적 규범은 경건한 것처럼 보이며 또 그렇게 들린다. 그러나 실상 그것은 영적 독약이다. 자기 스스로 노력하는 거룩함은 더 이상 믿음의 성실한 표현이 아니라 그것은 마법이며 믿음의 파괴이다.

만일 우리가 바리새인들의 누룩인 율법주의의 가르침을 거절해야 한다면, 마태복음 23장 3절에 "그러므로 무엇이든지 저희(바리새인들)의 말하는 바는 행하고 지키되 저희의 하는 행위는 본받지 말라"고 하신 예수님의 말씀은 어떻게 해석해야 할까? 우리는 어떻게 "삼가 바리새인과 사두개인들의 누룩을 주의하라"(마 16:6)는 말씀과 "저희의 말하는 바는 행하라"는 말씀을 조화시킬 수 있을까?

대부분의 주석가들은 태스커(R.V.G. Tasker)와 같은 방법으로 마태복음 23장 3절에 나타난 모순을 해결한다. 태스커는 다음과 같이 말했다. "예수님은 율법의 해석자가 되기 위한 서기관들의 적법한 자격들과 바리새파의 율법에 관한 전문성을 알고 계신다. 비록 몇 가지 행위가 그들의 가르침과 일치하지 않는다 하더라도 그들의 임무에만 국한하여 생각한다면 그들의 말은 존경을 받아야 한다고 예수님은 주장하고 있는 것이다"7

그것은 이렇게 말할 수 있다. 이러한 교사들이 성경을 가르치고 그것을 적법하게 적용하는 한, 우리는 그들이 말하는 것을 따라야 한다. 그러나 비판적인 눈과 통찰력 있는 마음을 가지고 그렇게 해야 한다. 사람들은 가르침 전체를 받아들이거나 혹은 거절하는 경향을 가지고 있다. 일반적으로 가르침이 좋아 보이면 그것을 전체적으로 무비판적으로 삼켜 버린다. 나중에 그 가르침의 몇 가지 요소들이 잘못되었거나 해로운 것으로 증명이 될 때는 종종 그 가르침 전체가 배척된다.

내 교회의 교인들 중에는 과거에 '건강과 부의 복음'을 가르치는 설교가들 밑에 있었던 사람들이 있다. 이러한 설교가들은 사람들이 목회자에게 돈을 가져오면, 그것은 열 배로 그들에게 되돌아 갈 것이라고 말했다. 그런데 그 설교가들의 말대로 되지 않았을 때, 그 사람들은 마음이 몹시 상해서 십일조에 관한 진실한 성경의 가르침과 하나님의 역사하심에 대한 헌신 전체를 거절하였다.

학대적인 설교자들이 성경에 대한 그들의 잘못된 가르침에 기초를 둘 때, 그래서 그들의 목회가 결함이 있다는 것이 증명이 될 때, 어떤 사람들은 그 속에 섞여 있는 누룩과 함께 성경의 가르침 전체를 던져 버릴 것이다. 이것이 바로 매튜 헨리(Matthew Henry)가 "우리는 악한 목회자들이 자신들을 위하여 선포한 선한 진리들 중에서 가장 악한 것을 생각하거나, 악한 판사들이 자신들을 위하여 강요한 선한 법 중에서 악한 것을 생각해서는 안된다"[8] 라고 말한 이유이다.

상황적으로 볼 때, 마태복음 23장의 바리새인들의 가르침에 대한 예수님의 시인은 그 이상의 공격을 위축시키는 것처럼 보인다. 마태복음 23장의 바리새인들에 대한 예수님의 명백하고 전적인 거절에도 불구하고, 예수님은 어떤 성경의 유효한 가르침이 상실되는 것을 원치 않으신다. 예수님은 우리가 교회의 교사들을 존경하고 그들의 말을 주의 깊게 듣기를 원하신다. 베뢰아 사람들이 우리에게 좋은 모범이 될 수 있다. 그들은 바울의 말을 주의 깊게, 그러나 동시에 비판적으로 들었다. 누가에 의하면 "베뢰아 사람은 데살로니가에 있는 사람보다 더 신사적이어서 간절한 마음으로 말씀을 받고 이것이 그러한가 하여 날마다 성경을 상고하였다"(행 17:11). 베뢰아의 유대인들처럼 우리는 배우는 것을 주의 깊게 분간해야 한다.

마태복음 23장 1~3절에 있는 예수님의 가르침은 성숙과 종교적 권위자들로부터 자립하는 권리로 우리를 부르신다. 이러한 점에서 예수님은 학대적인 종교적 권위자들과 그들의 행위를 계속해서 폭로하고 계신다. 마지막으로, 예수님은 이러한 학대자들을 배척하고 그들의 종교적인 체제를 변화시키도록 우리를 부르신다.

죄를 통하지 않고 어떤 사람을 무기력하게 하는 방법은 없다…
죄가 충분하지 않다면, 우리는 그것을 창조해야만 한다…
그러나 깨끗한 양심의 사람으로부터 우리를 구해야 한다.
— 아이언 랜드


예수께서 말씀하셨다. "진리를 알지니 진리가 너희를 자유케 하리라"
그것이 진실이라면, 많은 교회가 그 진리를 모를 경우,
그 교회들은 때때로 굴레의 장소가 된다.
— 어떤 남아프리카 선교사


무거운 짐을 묶어 사람의 어깨에 지우되
— 예수 그리스도

# 4
# 무거운 짐

**앨리스는** 65세 된 과부이다. 그녀의 남편은 지난해에 폐암으로 사망하였다. 그가 처음으로 앓게 되었을 때, 그녀는 안정을 얻고 지도를 받기 위해 신앙으로 되돌아 왔다. 남편을 돌보기 위해 대부분의 시간을 집에 있었기 때문에 그녀는 텔레비전을 통하여 신앙생활을 하였다. 그녀가 좋아하는 TV 전도자 중의 한 사람이 만일 믿음이 많은 크리스천이 있다면, 그들의 기도는 곧 응답될 것이며, 응답되지 않는다면 그것은 믿음이 부족하기 때문이라고 가르쳤다. 앨리스는 남편이 치료되기를 기도하기 시작했다. 그러나 때때로 정말로 남편이 나을 수 있을까 하는 의심이 들었다. 남편이 사망하였을 때, 그녀는 그런 의심들 때문에 자신의 기도가 응답되지 않았다고 생각했다.

남편의 장례식이 끝난 후 앨리스는 죄책감으로 인한 우울증에 빠졌다. 결과적으로 그녀는 계속해서 집에서만 지내면서 더욱 TV 설교가들에게 의존하게 되었다. 믿음의 대가로 기도의 응답을 약속했던 그 설교가는 또한 종교적 선행의 대가로 풍성한 삶을 약속하였다. 이 설교가에 의하면 기쁨과 평화를 얻기 위한 하나님의 방법은 금식과 기도 그리고 하나님의 역사하심에 대한 정규적이며 풍부하게 기꺼이 드리는 헌금이었다.

앨리스는 남편의 사망에 대해 느끼는 죄책감을 보상하기를 간절히 원했다. 그래서 그녀는 그 설교자의 기준을 의무적으로 따랐다. 그녀는 금식하고, 기도하고 그리고 그 TV 목사의 설교를 기록하였다. 이 행동은 약속된 평안을 주지 못했다. 그래서 그녀는 상담과 기도를 부탁하기 위하여 그 설교가에게 전화를 하였다. 그 사람은 그녀에게 "하나님의 음성은 결코 헛되이 돌아오지 않습니다," "당신이 뿌린 씨앗은 언젠가 열매를 맺게 될 것입니다"라고 말하면서 그녀를 안심시켰다. 그녀를 위한 상담가의 조언이라는 것은 단지 더 많이 기도하고, 더 많이 헌금하라는 것이었다. 그것이 그녀가 할 일의 전부였다. 몇 개월이 지난 지금 앨리스는 처음 그녀가 종교적인 짐을 짊어졌을 때보다 더 불쌍한 처지가 되었다. 그녀는 돈도 거의 다 바닥이 났고, 희망이 없게 되었다.

## 율법의 멍에

예수님 시대의 영적 지도자들은 대중들에게 수많은 종교적인 규범들과 규정들을 짐지웠다. 하나님의 율법에 더하여 그들은 사람들에게 다양한 종류의 인간들의 전통을 짐지웠다. 사람들은 이 짐들을 지고 가는데 실패하면, 죄책감과 영적으로 무엇인가 잘못되었다는 결함을 느꼈다.

바리새인들은 하나님의 율법과 그에 대한 사람이 만든 해석들을 외우고 토론하는데 많은 시간을 들였다. 그들은 이러한 훈련을 '율법의 멍에를 짊어지는 것'으로 여겼다. 이 멍에를 극복한 사람은 자랑할 기회를 가졌다. 그러나 일반 대중들은 그러한 극복을 위한 시간도 방법도 가질 수 없었기 때문에 그 멍에는 무겁게 내리누르는 짐이 되었다.

일반적으로 억압적인 종교나 정부 조직의 지배적인 특징은 수많은 규범들과 규정들이다. 이러한 것들은 그것을 지킬 때에는 행동을 통제하는데 기여하고, 그것을 어겼을 때에는 죄책감을 심어 주는 데 기여한다. 더 나아가서 율법의 증가는 사람들을 통제할 수 있는 권위를 부여한다.

아이언 랜드(Ayn Rand)는 유토피아를 꿈꾸는 어느 사람이 한 말을 따라 죄를 조종하기 위하여 율법을 만드는 것의 이치를 다음과 같이 설명하고 있다. "결백한 사람들을 통치하기 위한 방법은 없다. 정부가 가지고 있는 유일한 권력은 범죄자들을 만드는 권력이다. 그런데, 누가 율법을 준수하는 시민들의 나라를 원하는가? 거기에는 어느 누구를 위한 무엇이 있는가? 그러나 준수할 수도 없고, 집행할 수도 없으며, 객관적으로 해석될 수도 없는 법이 있다면, 당신은 불법자들의 나라를 만드는 것이며 그러면 당신은 죄를 이용할 수 있게 된다."[1]

'기독교 율법주의'의 기능도 바로 이와 똑같은 방법으로 작용한다. 내가 수년 동안 들은 소위 거룩한 신앙 부흥 설교의 대부분(전부는 아니다)은 죄를 만들기 위하여 조종하는 것과 전혀 다르지 않다. 율법주의는 영적 정결성과 선행에 대한 불가능한 기준을 세우고 있다. 만일 신중하게 생각해 본다면, 이러한 기준들은 우리가 그만한 상태가 아니라는 것을 증명해 주며, 그러므로 우리는 더 열심히 더 많이 노력해야만 한다. 죄책감을 극복하려고 할 때, 우리는 그것을 보상하기 위하여 거의 아무것도 할 수 없다. 회개하기 위하여 앞으로 나오라고 하면 우리는 앞으로 나간다. 오랜 시간 동안 침묵의 시간을 가지라고 명령을 하면, 우리는 (적어도 잠시 동안은) 그렇게 한다. 돈을 요구하면, 우리는 헌금을 한다. 죄책감을 가지고 있는 한 (왜냐하면 우리는 기준을 지키는데 실패했기 때문에), 영적 학대자들은 자신들이 원하는 방법대로 우리를 다룰 수 있다.

데이비드 클린톤(David Chilton)은 이러한 형태의 죄책감을 조종하는 것의 결과에 대해서 설명하고 있다. "죄는 극단적인 강력한 힘이다. 우리가 그것을 느낄 때, 우리는 괴롭고, 혼란스럽고 무능력하게 된다…우리는 다른 사람이 우리를 위한 어떤 결정을 해주도록 전적으로 의존하게 되며, 필요한 직면이나 독립적인 행동을 회피하기 시작한다. 우리는 노예가 된다."[2]

알렉스는 최근에 나에게 지난 3년간 중서부에서 복음 전도에 종사했던 자세한 내용을 적은 스무 페이지의 편지를 보냈다. 선교 활동에 들어갔을 때, 그는 "예수님은 그분께 대한 전적인 헌신을 기대하신다", "진정한 제자는 하나님과 즐거움 사이에서 하나를 선택을 해야만 한다" 그리고 "희생과 자신을 죽이는 것은 영적 성장을 위해 본질적인 것이다"라는 말을 들었다. 물론 이 모든 것은 진리에 부합되는 말이다. 그러나 이 말이 종교적인 학대자들의 손에 들어 있을 때, 극단적인 제자도에 대한 부름은 통제와 조종을 위한 면허가 된다.

알렉스는 나에게 어떻게 선교 지도자들이 (소위 그들이 말하는) 그의 영을 깨끗케 하려는 목적을 위해 그에게 비천한 일들을 차례로 명령했는가에 대해서 설명하였다. 알렉스의 임무들 중 하나는 길가로 나가서 자신의 돈을 들여 선교에 필요한 자금을 모아 오는 것이었다. 그가 그 일을 거부하자, 지도자들은 그가 반항의 징조를 보이고 있는 것이며, '자신을 죽이기' 위하여 많은 시간을 들여야 할 것이라고 말했다. 그는 또 한번 자신이 영적으로 부합되지 못했다는 죄책감을 느껴서 그 선교 지도자들이 부과하는 무거운 짐들에 대해 모두 복종하였다.

## 죄책감의 조종

롭과 베브는 그들이 결혼하였을 때 겨우 열 일곱 살이었다. 그들이 어려서 결혼을 한 것은 베브가 임신을 한 때문이었다. 그들의 부모들은 그들의 결혼을 지지하였지만, 그 때문에 수치심도 느꼈다. 그들은 다음과 같이 책망하면서 그들의 실망감을 표현하였다. "너희는 어떻게 우리에게 이렇게 할 수 있는 거니? 무엇보다도 우리는 너희를 믿었는데." 베브와 롭은 성공적인 결혼 생활을 위하여 그리고 부분적으로는 (그들은 이점을 시인하였다) 부모님들의 실망감을 보상하기 위해 열심히 일했다.

최근 20년 동안 롭과 베브는 가족이 중심이 된 근본주의 교회에 다녔다. 그들은 빨리 목회자의 주의를 끌었고 얼마 지나지 않아 목회자는 그들에게 교회 학교 교사와 교회 건물의 관리를 제안하였다. 젊은 부부는 기꺼이 목회자의 신뢰의 표시에 응답을 하였고 몸을 던져 열심을 다하였다.

그러나 그들의 책임 범위가 밝혀지자 그것이 그들에게 너무 벅차다는 것을 알게 되었다. 그들은 교회와 관계된 일을 위하여 일주일에 25시간 이상을 들여야 했다. 이것은 분명히 세 명의 자녀를 둔 젊은 부부에게는 감당할 수 없는 것이었다.

그들의 목회자들은 그들에게 지위를 주어 책임있는 어른처럼 느끼도록 만들어서 그들이 자신들의 처지가 어렵다는 생각을 포기하도록 하였다. 그럼에도 불구하고 그들은 자신들의 궁지를 의논하기 위하여 목회자와 약속을 하였다. 그들의 이야기를 듣고 나서 목회자는 의자에 매우 실망스럽게 주저앉으면서 말했다. "당신들이 어떻게 나에게 이렇게 할 수 있습니까? 나는 당신들을 믿고 있었는데."

그 말-그것은 그들의 부모들로부터 들은 것과 똑같은 말이었다-에 놀라서 베브와 롭은 목회자에게 다시 헌신하기로 약속하였다. 그들은 몇 달이 지나지 않아 탈진하게 될 것이며, 그 결과 중대한 두 번째 실패를 하게 될 것이 분명하였다.

많은 교회에서 죄책감의 조종은 이보다 덜 분명하게 드러나지만 연약한 사람들을 통제하려는 그 목적은 동일하다. 신자들이 지도자들이 선포한 선행에 기초한 기준을 받아들일 때, 그들은 그 기준을 지키거나 아니면 그것을 지키지 못해 죄책감에 괴로워하든지 해야 하는 것이다. 어느 쪽이든 그들의 행동은 조종당하고 통제당한다. 이 체계의 특징은 각각의 종교적인 집단은 그들의 필요를 충족시키기 위하여 무거운 짐들을 관습적으로 만들 수 있다는 것이다. 어떤 곳에서는 그 기준은 헌금을 하는 것이지만, 다른 곳에서는 교회 학교에 가르치는 것이 될 수 있으며, 또 다른 곳에서는 위원들에게 봉사하는 것이 될 수 있다.

어떤 사람이 따뜻한 애정이 남아 있는 철저한 회심의 경험을 하고 하나님께 헌신할 지라도, 그러한 무거운 짐들 아래 있을 때에는 영적으로 소진하게 될 것이다. '첫 사랑'이 식어지면 죄책감은 더 강렬해진다. 그것은 주님께 대한 사랑이 식어졌다는 것뿐만이 아니라, 종교적 선행의 기쁨이 없는 단조로움에 의하여 짓눌리고 질식되었다는 것이다.

## 하나님의 짐

종교적 짐은 일반적으로 세 가지 범주로 나누어질 수 있다. 첫째는 '하나님의 짐'인데, 그것은 율법을 지키는 것과 하나님의 인정과 용납의 대가로 요구하시는 훈련이다. 둘째는 '우리의 짐'이다. 이것은 영적인 성공은 우리 스스로 행해야 하는 과제라는 의미이다. 우리는 우리 자신의 죄를 해결하고 우리 자신의 거룩함을 이루어야만 한다. 셋째는 '그들의 짐'인데, 바로 영적 지도자들의 짐이다. 이것은 우리의 지도자들이 우리의 어깨에 지워야 하는 것으로 생각하거나 혹은 그렇게 느낄 때 지우는 짐이다. 그들의 짐은 그들의 목적이나 그들의 욕구를 충족시켜 주기 위하여 우리가 해야만 하는 일이다.

이러한 것들을 좀더 자세히 보기 위하여 하나님의 짐부터 살펴보자. 바리새인들의 신은 (그 때나 지금이나) 산타 클로스와 교통경찰 사이에서 태어난 잡종과 같다. 그 신은 목록을 만들고, 그것을 두 번 검토하고(두 번 검토한다는 것을 기억하라), 장난꾸러기에게 벌금을 부과하고, 좋은 아이에게는 상을 준다. 이 신은 아마도 우리 각자에게 규격화된 종교적인 시험을 요구할 것이다. 합격 점수를 받으면 그의 용납과 호의를 얻고, 불합격 점수를 받으면 거절 혹은 저주를 받게 될 것이다(성경을 읽은 사람 누구에게나). 이러한 체계가 가지고 있는 근본적인 신학적 문제는 하나님의 요구가 단지 높다는 것 뿐만 아니라 100퍼센트 완전을 요구한다는 것이다. 시험의 합격 점수는 모두 100점이다. 그런데 성경은 또한 우리들 중의 어느 누구도 그러한 점수를 받을 수 없다는 것을 분명히 하고 있다. "모든 사람이 죄를 범하였으매 하나님의 영광에 이르니 못하더니"(롬 3:23). 그러므로 우리에 대한 하나님의 용납이 우리가 그분의 법을 지키는 것에 달려 있다면, 우리는 모두 똑같이 멸망한 자들이 될 것이다. 물론 이것이 왜 우리 모두가 똑같이 구세주가 필요한가를 설명해 준다.

하나님의 법은 신성한 용납을 위해서는 우리에게 소용이 없으며, 다만 그것은 신성한 심판을 드러낼 뿐이다. "무릇 율법 행위에 속한 자들은 저주 아래 있나니 기록된바 누구든지 율법 책에 기록된대로 온갖 일을 항상 행하지 아니하는 자는 저주 아래 있는 자라 하였음이라"(갈 3:10; 롬 12:12~13, 20; 갈 3:19을 보라). 하나님의 율법을 우리의 기준으로 삼을 때, 우리는 스스로 노력하여 얻는 의는 전혀 무용지물이라는 것을 알게 된다.

그러나 율법이 하나님으로부터의 용납을 얻기 위해 뛰어넘어야 하는 장애물처럼 우리를 붙잡는다면, 그것은 우리를 영적으로 파괴할 것이다. 매 주일 오후 수천 명의 잘 훈련된 신자들이 자신에 대해 죽고 하나님에 대해 살고자 새로워진 결심을 가지고 교회 문을 나선다. 일주일 후 그들이 다시 교회로 돌아올 때, 그들은 스스로에 대해 실망하고 수치를 느낀다. 정직하지 않거나 깨닫지 못하는 소수의 사람만이 지난 주간의 영적 성취에 대해서 자부심을 느낄 것이다.

래리 크랩(Larry Crabb)에 의하면, 하나님의 요구들을 발견하고 그것들을 충족시키기 위해 열심히 일하는 현재 기독교의 제자도의 문제는 "우리의 교회들이 결과적으로 자신들의 최선의 노력이 부족하다는 것을 알지만 다음 주에는 더욱 열심히 하기를 원하거나 혹은 그들의 교사들과 같이 하나님의 율법의 핵심을 잊고 있으면서 그것을 잘 지키고 있다고 생각하는 연약한 무리들로 가득한 1세기의 바리새인들에 의해 운영되던 회당을 닮게 될 것"[3] 이라는 점이다.

영적 지도자들이 하나님의 기대를 잘 지키고 있다고 생각하는 경향이 있는 이유 중 하나는 그들이 그러한 기대들을 공식화하는 자들이라는 점이다. 수년간에 걸쳐 목회자들은 성경을 공부하고 기도하는 것과 같은 그들이 훈련받고 시간을 보낸 것들을 평가하기 위해 교회를 가르쳐 왔다. 그들은 시간적으로 자유롭기에 몇 번이든지 기도회에 갈 수 있고 성경을 읽는데 시간을 보낼 수 있다. 그러나 어린 자녀를 키우는 어머니나 출근을 위해 매일 두 시간씩을 보내야 하는 직장인들은 그렇게 할 수가 없다.

인간성을 빼앗는 영적 학대는 하나님의 법을 잘못 사용하는 것보다 실제로 더 나쁘다. 그것은 "좀더 깊은 생명으로 들어오시오," "모든 것을 제단에 내려놓으시오," "복종하시오," "순종하시오" 등등과 같은 불명확한 요청들로 표현되고 있다. 만일 이러한 요청들이 분명하게 정의되지 않거나 표현되지 않으면, 그것들은 우리의 마음에 절대로 쉼을 주지 못한다. 민감한 마음이 계속해서 질문하는 것은 "나는 정말 충분히 순종하고 복종하였는가?"이다. 이것이 지속적인 죄책감을 갖게 하며, 하나님의 은혜로 말미암은 구원을 나의 복종을 통한 구원으로 바꾸어 놓는다. 그 안에서 나는 전혀 쉼을 얻을 수 없다.

율법은 절대로 학대적일 수 없다. 그 이유는 적어도 그것은 분명한 정의를 가지고 있기 때문이다. 십계명을 읽으면서 우리는 우리가 범한 구체적인 계명을 알 수 있다. 그러나 모든 계명에 순종하였는지 아닌지를 어떻게 알 수 있는가?

하트(Archibald Hart)는 이러한 높은 영성에 대한 불분명한 권고의 해로운 영향을 극적으로 드러내주는 한 가지 이야기를 한다. 그는 소냐라는 이름의 한 젊은 여인을 알고 있었는데, 그에 의하면 그녀는 '비상한 재주,' '자기 확신,' '이해심,' '순응성' 그리고 '구세주에 대한 깊은 영적 헌신과 분명한 사랑'을 소유하고 있는 여인이었다.

소냐는 갈라디아 2장 20절("내가 그리스도와 함께 십자가에 못박혔나니")에 대한 매우 엄격한 해석을 받아들이고 있는 어떤 기독교 지도자의 마력에 빠지게 되었다. 그는 추종자들에게 정말로 '죽으라'고 요구하였다. 계속적으로 '자신을 죽이라'는 권고를 듣고, 소냐는 정말로 그렇게 하려고 하였다. 그러나 그녀는 절대로 성공하지 못할 것이라고 생각했다. "이러한 계속적인 충격 속에서…어느 날 소냐는 내리막길로 빠르게 돌진하였다." 영적으로 자신을 죽일 수 없다는 생각에 그녀는 결국 철길로 걸어가서 머리를 철로에 대었고, 기차가 그 위로 지나가자 목숨을 잃었다.

하트는 다음과 같이 결론을 지었다. "실제로 있었던 이 이야기는 파괴적인 잘못된 신학이 어떤 결과를 가져오는가를 잘 드러내 주고 있다." 진실한 신학 그 자체는 해롭지 않다. 만일 잘못된 것이 있을 때에는 그것을 바로잡고, 격려해 주고 그리고 강화시켜 준다.[4]

이것은 우리가 절대로 권고해서는 안되며, 사람들에게 깊은 헌신을 요구해서는 안된다는 말이 아니다. 우리가 그렇게 할 때에 우리는 부르스 나래모어(Bruce Narramore)의 다음의 충고를 받아들여야 한다. "우리는 용서와 용납이 그리스도를 믿는 모든 사람의 권리이며 적절한 행동은 그것들을 얻는 것보다는 이러한 것들로부터 흘러나온다는 사실을 전달하는 동기부여 접근법을 따를 필요가 있다."[5]

종교적인 조종은 우리 앞에 있는 인정이라는 당근을 붙잡으려고 앞으로 달려가지만 언제나 정죄라는 채찍으로 우리를 때리는 것으로 끝나는 죄를 생산한다. 만일 우리가 하나님의 짐(100퍼센트 완전한 선행)을 지고 가려는 게임을 계속한다면, 결국에는 지쳐서 좌절하거나 혹은 소냐의 경우처럼 더 나빠질 것이다.

## 하나님의 휴식

예수님은 소냐와 같은 사람에게 "수고하고 무거운 짐진 자들아 다 내게로 오라 내가 너희를 쉬게 하리라 나는 마음이 온유하고 겸손하니 나의 멍에를 메고 내게 배우라 그러면 너희 마음이 쉼을 얻으리니 이는 내 멍에는 쉽고 내 짐은 가벼움이라"(마 11:28~30)고 말씀하고 계신다.

하나님께서 많은 것을 요구하신다는 것은 사실이다. 실제로 하나님의 요구들은 우리가 질 수 있는 것보다 더 무거운 것들이다. 복음은 예수님께서 우리를 위해 하나님의 요구들을 완전히 충족시킨다는 것이다. 성인들은 자신들이 그리스도를 실망시켰다는 것을 알고 있다. 그러나 그들은 또한 예수님은 절대로 하나님의 요구들을 충족시키는데 실패하지 않았으며, 미래에도 그럴 것이라는 것을 알고 있다. 우리의 구세주로서 그리스도는 하나님의 시험에 전부 만점을 받으셨다. 그러므로 우리가 그리스도를 믿으면 그 점수들이 우리를 보증해 준다. 우리는 어떻게 완전하게 예배를 드리는지 알지 못한다. 그러나 그리스도는 그렇게 하신다. 우리는 어떻게 완전하게 기도하는지 알지 못한다. 그러나 그리스도는 그렇게 하신다. 우리는 어떻게 완전하게 신뢰하고 복종하는지 알지 못한다. 그러나 그리스도는 그렇게 하신다. 우리는 어떻게 완전하게 사랑하는지 알지 못한다. 그러나 그리스도는 완전하게 사랑하시며, 또 그 사랑이시다.

만일 당신이 듣는 설교나 당신이 읽은 책들이 당신에게 짐을 지우고 억압한다면, 그것은 예수 그리스도의 사역을 반영하고 있는 것이 아닐 가능성이 많다.

예수님은 종교적인 지도자들을 기쁘게 하려는 것 때문에 수고하고 있는 모든 사람들에게 쉼을 약속하셨다. 그는 영적 선행이라는 무거운 짐 아래에서 수고하고 있는 모든 사람들에게 쉬운 멍에를 제안하셨다. 당신의 종교가 지치게 하고 고된 것이라면, 하나님의 해답은 긴 경건의 시간이나 더 확고한 헌신이나, 더 많은 회합에의 참석 혹은 성전에 나가는 것이 아니다. 영적 피곤함에 대한 하나님의 해결책은 쉼이다.

그것은 예수님의 사랑의 용납과 당신을 위한 완전한 죄짐 맡음 안에서의 쉼이다.

사도 바울은 율법(하나님의 모든 시험과 기대)에 대한 우리의 관계를 군건하게 해주는 반석은 그리스도의 공로에 의한 급진적이며 영원한 변화라고 하였다. 그는 다음과 같이 말한다. "또 너희의 범죄와 육체의 무할례로 죽었던 너희를 하나님이 그와 함께 살리시고 우리에게 모든 죄를 사하시고 우리를 거스리고 우리를 대적하는 의문에 쓴 증서를 도말 하시고 제하여 버리사 십자가에 못 박으시고 정사와 권세를 벗어버려 밝히 드러내시고 십자가로 승리하셨느니라"(골 2:13~15). 예수님은 '우리를 대적하는 의문에 쓴 증서'를 없애심으로 사탄의 힘을 무력하게 하셨다. 그런데 학대적인 설교자들은 쓰여진 증서에 다시 힘을 부여함으로써 실제적으로 우리를 대적하는 그 악마의 힘을 재무장시키고 있는 것이다.

예수님은 그의 생명으로 하나님의 쓰여진 증서를 취하시고, 죽으심으로 그것을 파기하셨다. 예수님은 우리를 위하여 완전한 제자로 사셨고, 예수님 안에서 하나님은 우리의 죄를 용서하시고 우리를 정죄하는 모든 규정들을 없애신 것이다. 우리의 잘못과 그러한 잘못들을 드러내는 규범들은 모두 십자가에 못 박혔다. 그것이 바로 "그러므로 이제 그리스도 예수 안에 있는 자에게는 결코 정죄함이 없나니"(롬 8:1)라고 말한 이유이다.

하나님은 우리에게 하나님이 되시려 하며, 우리는 하나님의 규범들과 조건들에 의해 하나님께 나아간다는 것에는 의심의 여지가 없다. 그렇지 않으면 우리는 전혀 하나님께 나아갈 수 없다. 그러나 하나님의 조건들은 하나님의 본성, 즉 자유와 절대적인 자비와 은혜로 이루어졌다. 우리를 용납하시는 하나님의 방법은 우리의 어깨에 그분의 짐을 지는 것을 통해서가 아니라 그분의 은혜를 받아들이는 것을 통해서이다. 복음의 핵심은 우리 스스로 의를 얻으려는 노력을 포기하고 그리스도의 의를 우리의 것으로 받아들이는 순간 하나님께서 우리를 의롭다 선언하신다는 것이다.

거짓 목자들은 언제나 이러한 자비와 은혜를 입술로만 말하면서, 그것을 자신들의 가르침과 행동 아래 감추어 버릴 것이다. 나는 일전에 미국과 캐나다의 복음 주의자들과 근본 주의자들의 모임에서 만든 「기독교 제자도에 관한 안내서」(Handbook on Christian Discipleship)라는 책을 읽어본 적이 있다. 거기에는 다음과 같이 쓰여 있었다.

> 영생은 하나님의 자비를 기초로 하여 우리에게 주어지는 것이 아니다. 그것은 하나님의 뜻을 실천하는 것을 기초하여 주어진다. 우리는 우리의 선행과 우리의 몸을 통하여 이룬 행위에 의하여 심판을 받는다. 그리스도의 완전한 공로에 대한 지나친 강조는 기독교의 정신을 소멸시킬 수 있으며, 실제로 소멸시켰다. 실수를 하지 않는 것만이 영생을 상속받는 승리자가 될 수 있게 한다. 하나님은 두려워하고 결단하지 못하는 사람을 기뻐하지 않으신다.

이 말을 우리의 구원은 "그런즉 원하는 자로 말미암음도 아니요 달음박질하는 자로 말미암음도 아니요 오직 긍휼히 여기시는 하나님으로 말미암음이니라"(롬 9:16)는 사도 바울의 주장과 대조해 보라. 그리고 또 "그리스도는 모든 믿는 자에게 의를 이루기 위하여 율법의 마침이 되시니라"(롬 10:4)는 말씀과 대조해 보라. 선한 목자는 은혜를 선포할 뿐만 아니라 또한 그리스도의 강한 이름을 통하여 우리의 어깨에서 하나님의 짐을 가볍게 해 줌으로써 그것을 실천한다.

## 우리 자신의 짐

학대적인 목자들이 우리의 어깨에 지우는 두 번째 형태의 짐은 우리 자신의 죄의 짐이다. 존 번연의 순례의 길「천로역정」에 나오는 어떤 사람이 그 자신의 죄의 짐을 지고 가는 고전적인 예이다. 그 사람은 등에 무거운 짐을 진 것처럼 자신의 죄를 지고 간다.

바리새인들은 그 때나 지금이나 죄를 정의하는 자신들의 방법으로 우리 죄를 우리에게 짐으로 지울 수 있다. 그것은 또한 우리가 그들이 **목록화**한 죄의 길을 따를 수밖에 없기 때문이기도 하다. 영적으로 학대하는 체계는 외면적인 행위들을 가지고 죄를 정의한다. 이러한 행위들은 목록에 자세하게 기록되어 있다. 어떤 집단의 경우에 이러한 목록들은 적당한 옷차림과 부적당한 옷차림 그리고 옳은 몸가짐과 잘못된 몸가짐이 대조되어 정의되어 있을 것이다. 또다른 집단의 경우 그 목록들은 영적 훈계와 태도와 언어에 초점을 맞출 것이다.

외면적인 행위를 가지고 직접적으로 죄를 정의하는 것은 옳은 것이 아니며, 그것은 학대이다. 그것은 강한 성공과 연약한 실패라는 선행을 기초로 한 계급 구조를 만든다. 소위 '성자들'은 자신들의 죄를 부정하고 숨길 수 있는 반면에 '발버둥치는 자들' (혹은 정직한 자들)은 그렇게 할 수 없다. 그렇기 때문에 '발버둥치는 자들'이 자신들의 죄짐을 수치스럽게 지고 가는 동안 소위 '성자들'은 자신들의 죄짐을 품위있게 지고 갈 것이다. 그러한 체계는 상위 계급에게는 자랑할 기회를 주고 하위 계급에게는 창피를 준다.

행위 목록의 조건에 따르는 죄의 정의는 예수님과 바리새인 사이의 갈등의 쟁점이었다. 예수님은 거듭해서 그러한 죄의 목록들의 부당함을 주장하였다. 더 중요한 것은 예수님께서 얕고 위험스럽게 오도하기 쉬운 그것들의 본성을 반대하셨다는 것이다. 외면적인 행위를 가지고 죄를 정의하는 것은 죄를 사소한 것으로 만들고, 우리를 죄에서 구원하신 분과 그분의 공로를 사소한 것으로 만든다. 마이클 호돈(Michael Horton)은 다음과 같이 설명하고 있다.

> 계속해서 우리에게 어떤 죄를 피하고 어떻게 그러한 죄를 피하는가를 말해 주고 있는 사람들이 실제로는 죄에 대해서 낮은 관점을 가지고 있다는 것은 정말 놀랍지 않을 수 없다! 그러나 이것은 사실이다. 이것은 예수님의 시대에도 그랬다. 당신도 기억하겠지만, 바리새인들은 완벽주의 프로그램의 강령에 동의하였다. 그리고 완전한 상태에 도달하기 위하여 그들은 타락한 인간 본성에 기초한 태도보다는 외적 행위에 기초한 죄에 대한 관점을 취하였다.[6]

그러나 성경에 의하면, 하나님으로부터의 분리를 의미하는 죄는 우리의 행위가 아니라 먼저 우리의 마음에 있다. 먼저 바로잡아야 할 것은 우리의 행위가 아니라, 용서와 즉각적인 치유를 통한 정결함이 요구되는 우리의 내적 존재에 있다. 바울은 행위 목록에 의한 죄의 정의의 부당함을 알고 있었다. 그는 또한 우리가 행실보다 더 깊은 것으로부터의 구원이 필요하다는 것을 알고 있었다. 또한 그는 율법을 통하여 죄된 행위를 억누르려는 것이 전혀 쓸모가 없다는 것을 이해하고 있었다.

> 너희가 세상의 초등 학문에서 그리스도와 함께 죽었거든 어찌하여 세상에 사는 것과 같이 의문에 순종하느냐 곧 붙잡지도 말고 맛보지도 말고 만지지도 말라 하는 것이니 이 모든 것은 쓰는 대로 부패에 돌아가리라. 사람의 명과 가르침을 좇느냐 이런 것들은 자의적 숭배와 겸손과 몸을 괴롭게 하는데 지혜 있는 모양이나 오직 육체 좇는 것을 금하는 데는 유익이 조금도 없느니라(골 2:20~23).

여기서 바울은 규범과 규칙들이 죄를 억제하는데 충분하지 않다는 것만이 아니라 그것들은 죄를 금하는 데에는 전혀 소용도 없고 "유익이 조금도 없다"고 주장하고 있다.

도날드 슬로트(Donald Sloat)는 외적인 행위를 가지고 죄에 대해 생각하는 오류에 대해 다음과 같이 설명하고 있다. "문제는 어떤 목록은 그것이 주어지고 완성되고 숙달될 수 있기 때문에 어떻게 그것을 섬기든지 간에 지켜질 수 있다는 것에 있다. 그 목록을 따르는 사람은 어떤 외적인 행동을 경감시킴으로써 내적인 죄의 상태를 경감시키는 것이 가능하다고 믿기 시작한다. 다시 말하면, 초점이 죄의 표명(죄의 목록)에 있지 죄의 내적 상태에 있지 않다는 것이다"[7]

예수님에게 있어서 죄는 무엇보다도 먼저 내적인 상태가 우선이었으며, 외적인 행위는 그 증상일 뿐이었다. 예수님은 바리새인들에게 설명하셨다. "입에 들어가는 것이 사람을 더럽게 하는 것이 아니라 입에서 나오는 그것이 사람을 더럽게 하는 것이니라"(마 15:11). 나는 이 말씀을 다음과 같이 의역한다. "죄란 사람에게 들어가는 것이 아니다. 죄란 이미 사람 속에 있는 것이다."

어떤 것을 행했느냐 아니냐를 가지고 죄를 정의하는 것은 본질을 놓치는 것일 뿐만 아니라 또한 치명적으로 잘못 인도하는 것이다. 첫째로, 언제나 실제로 자신이 율법을 다 지켰다고 생각하는 사람들이 있다. 이러한 사람들은 구세주가 필요없다고 생각한다. 그 결과 그들은 하나님의 나라에 들어가지 못하게 된다(마 23:13~14). 규범과 규율들을 준수함으로써 구원을 얻을 수 있다고 믿는 사람들은 그것을 지키는 데 실패했을 뿐만 아니라 하나님의 주권적인 은혜의 문이 그들의 면전에서 닫혔다는 것을 알아야 한다.

바리새인들과 우리가 죄의 진정한 본성을 이해하도록 돕기 위하여 예수님은 간음한 자는 실제로 간음을 행한 자가 아니라 간음하려는 의도를 가진 자라고 설명하셨다(마 5:28). 예수님은 마태복음 23장 25절에서 바리새인들이 비록 잔의 겉(그들의 외적인 행위)은 깨끗케 하였으나 그들의 내면은 탐욕과 이기심으로 가득차 있다고 말씀하셨다. 그들은 비록 겉은 깨끗하게 씻긴 듯 보이나 그 속에는 죽음과 부패함이 가득차 있었다(마 23:27).

바리새인들은 "하나님께서 스스로 돕는 자를 돕는다"고 생각하였다. 그러나 예수님께서는 하나님은 스스로 도울 수 없다는 것을 고백하는 사람들을 도우신다는 진리를 분명하게 하셨다. 예수님은 "심령이 가난한 자는 복이 있나니 천국이 저희 것임이요"(마 5:3)라고 말씀하셨다. 예수님은 스스로의 노력을 통한 어떠한 치유도 부정하는 기초적인 죄에 대한 정의를 일관되게 주장하셨다. 우리가 무엇을 했느냐 하지 않았느냐 하는 목록의 조건들을 가지고 우리를 의롭게 하려고 하는 한, 우리는 불의를 의롭게 하시는 하나님과의 만남을 갖지 못한다.

외적인 행위 목록은 죄에 대한 예수님의 정의로 대치되었을 때, 우리는 모두 절대적인 빈곤과 동일한 수준으로 떨어졌다. 학대 계급 체계는 분해되었으며, 영적 계급주의는 파괴되었고 우리는 모두 동일하게 구세주가 필요하다는 것을 알고 있다. 물론 이것은 예수님의 관점이다. 그리하여 예수님은 또다시 다음과 같이 말씀하신다. "수고하고 무거운 짐진 자들아 다 내게로 오라 내가 너희를 쉬게 하리라 나는 마음이 온유하고 겸손하니 나의 멍에를 메고 내게 배우라 그러면 너희 마음이 쉼을 얻으리니 이는 내 멍에는 쉽고 내 짐은 가벼움이라"(마 11:28~30).

만일 당신이 두려움과 강박관념들과 통제하에서 죄짐들을 지고 가려다가 지친 상태에 있다면, 당신을 향한 예수님의 첫 번째 대답은 더 이상의 훈련이나 성경 구절의 암송이 아니라 안식일 것이다. 그 안식은 예수님의 사랑의 용납과 그분의 능력 안에서의 안식이다.

그런즉 안식할 때가 하나님의 백성에게 남아 있도다 이미 그의 안식에 들어간 자는 하나님이 자기 일을 쉬심과 같이 자기 일을 쉬느니라 그러므로 우리가 저 안식에 들어가기를 힘쓸지니 이는 누구든지 저 순종치 아니하는 본에 빠지지 않게 하려 함이라(히 4:9~11).
너희 안에서 행하시는 이는 하나님이시니 자기의 기쁘신 뜻을 위하여 너희로 소원을 두고 행하게 하시나니(빌 2:13).
저가 또 우리로 새 언약의 일군 되기에 만족케 하셨으니 의문으로 하지 아니하고 오직 영으로 함이니 의문은 죽이는 것이요 영은 살리는 것임이니라(고후 3:6).

## 지도자의 짐

사람들의 어깨에 지우는 학대하는 지도자들의 짐의 세 번째 형태는 지도자들 자신의 짐이다. 그것은 지도자들이 자신들의 개인적 혹은 전문적인 욕구를 충족시키기 위해 우리를 이용하는 것을 말한다. 그들은 죄와 사회적인 억압과 '예언적인 말들'을 가지고 사람들이 자신들을 섬기도록 조종한다. 이것에 대한 가장 고전적인 예는 종교개혁의 역사에서 찾을 수 있는데, 로마의 교황이 성 베드로 성당을 짓기 위한 자원을 마련하기 위하여 면죄부를 팔았던 경우가 그것이다. 교황은 죄의 용서와 성당 건축을 위한 헌금과의 교환을 제안하였다. 존 테젤이라는 이름을 가진 로마로부터 파견된 대리인은 사람들에게 "동전이 헌금궤에 딸랑하고 떨어질 때, 영혼이 연옥으로부터 뛰어나온다"라는 말로 일반 대중의 무지를 부추겼다.

나는 이웃을 고려하지 않고 고가의 목회자의 집을 짓는데 동원된 교인들을 알고 있다. 교인들은 그 일을 끝마치기 위하여 주말과 휴일을 포기하였다. 목회자는 교인들이 하나님께 '위임받은 권위' (목회자 스스로 이름 붙인 것이지만)에 봉사하라는 명령을 수행하고 있는 것이라고 생각하였다.

어떤 친구가 최근에 그의 교회에서 있었던 소위 치유 집회에 대해서 말해 주었다. 초청받은 강사는 특별한 날 밤에 기적이 일어날 것을 약속하였다. 특별히 '귀머거리가 치유될 것' 이라고 하였다. 이러한 예고의 결과 저녁에 수많은 귀머거리들이 그 집회에 참가하였다. 그 집회의 예정된 일정이 다 지나갔는데도 아무런 일도 일어나지 않았고, 귀머거리들도 치유되지 않았다. 그러자 그 초청 강사는 회중들에게 함께 묵상으로 기도하자고 요청하였다. 침묵의 시간이 지난 후, 그는 회중들에게 엄숙하게 말했다. "나는 지금 하나님께서 이 방 안에 있는 모든 귀먹은 사람들을 치료하기 위하여 서 계신 환상을 보았습니다. 그러나 여러분은 하나님께서 요구하시는 거룩함에 이르지 못했습니다. 그래서 하나님은 치료하시는 손을 멈추고 계십니다." 거기 모였던 사람들은 첫째는 많이 모이도록 하기 위하여 잔인하게 조종을 당했으며, 그 다음에는 그 목회자의 실패를 덮기 위하여 수치스럽게 이용당했던 것이다.

내가 알고 있는 어떤 목사가 다른 교회 활동보다 합심 기도를 더 가치 있게 생각하는 한 교회 그룹을 지도하는 것을 돕고 있었다. 그가 지도하는 그룹을 좋게 보이게 하기 위하여, 그는 그룹의 사람들이 교회의 다양한 중재 기도 모임에 나가도록 해야만 한다고 믿고 있었다. 그는 정규적으로 그러한 모임에 참석하는 사람들에게는 지위를 주고, 그렇지 않은 사람에게는 지위를 주는 것을 거부하였다. 그는 또한 지금 희생적으로 기도하는 사람들은 곧 하나님의 마지막 때의 군대에서 높은 지위를 부여받을 것이라고 설교하였다. 여기서 그들은 또다시 지도자의 욕구를 충족시키기 위하여 조종을 당하고 있는 것이다.

나는 지난 12년 동안 양적 성장이 되지 않은 교회의 또다른 목회자를 알고 있다. 성공을 하지 못한 것에 좌절해서 그는 교인들이 자신의 욕구를 충족시키도록 방향전환을 하였다. 그는 교인들에게 새롭고, 크고 더 매력적인 시설을 갖춰 더 많은 사람들을 끌어 모을 희망을 담은 교회 건축 계획을 내놓았다. 교인들은 그 문제로 둘로 분열되었다. 많은 사람들이 교회를 떠났고, 남아 있는 사람들은 지금 빚더미에 앉아 있다.

이러한 각각의 경우들에서 교회 지도자는 자신을 섬기도록 하는 것 대신에 교인들을 보호하고 섬길 책임이 있다는 것을 깨닫게 된다. 목회자는 자신들의 욕구를 충족시키기보다는 교인들의 욕구를 충족시켜 주어야 한다.

제3장에서 살펴본 바와 같이 에스겔 34장에 보면 하나님은 이스라엘의 학대하는 목자들이 양무리를 돌보기보다는 자신들을 돌보았기 때문에 심판하셨다(3절). 성경의 여기 저기서 하나님은 목자는 양을 위해서 있는 것이지 양이 목자를 위해 있는 것이 아니라는 것을 분명히 하셨다. 이와는 정반대로 행함으로써 양들을 학대하는 목자들에게 화 있을진저!

학대하는 목자들은 여러 가지 무거운 짐들을 묶어 그것을 사람들의 어깨에 지운다. 그러나 선한 목자는 그러한 짐들을 가볍게 해 준다.

## 어려운 질문들

나에게 이러한 문제들에 대해서 듣고 난 후, 많은 목회자들이 어떻게 교인들이 일정한 선을 유지하게 하며, 죄를 짓지 않게 하며, 혹은 만일 이러한 모든 짐들이 제거되었을 때 또다시 그러한 짐을 지게 되는 것으로부터 어떻게 보호할 수 있느냐고 나에게 물었다. 그런데 그들은 사실 이렇게 묻고 있는 것이다. "만일 사람들이 지켜야 할 법이 없다면, 그들은 멋대로 가지 않겠는가?"

경험을 통한 나의 대답은 이렇다. "그렇다. 어떤 사람들은 멋대로 갈 것이다. 그러나 최소한 우리가 경험한 바에 의하면, 그러한 사람들은 거듭나지 않은 사람들이다."

우리 교회에는 성령으로 거듭나지 않은 사람들, 진정으로 거듭나지 않은 사람들이 많이 있다. 그들은 한 가지 혹은 몇 가지 이유 때문에 단순히 기독교의 짐을 짊어졌고, 그들의 행동은 기독교 문화의 기대에 순응하고 있다. 중요한 것은 이러한 사람들도 정당하게 복음화되고 거듭날 수 있다는 것을 깨닫는 것이다. 그러면 그들도 예수님의 쉽고 가벼운 멍에를 메고 거룩함과 사랑 안에서 예수님을 섬길 수 있을 것이다.

다른 질문이 있을 수 있다. 우리가 지도자들이라면, 권위의 자리를 추구하는 우리의 동기를 분명히 해야 할 것이다. 우리는 다른 사람들에 대한 우리의 지도력을 우리의 삶 속에서 하나님의 부르심을 충족시키는 것으로 여기고 있는가? 사람들을 섬기고 있는가? 혹은 목회자의 직분을 중요한 것을 성취하기 위한 수단이나 혹은 우리에게 부족한 다른 어떤 것을 얻기 위한 수단으로 여기고 있는가?

교인들은 또한 그들의 지도자들에게 정직하게 대답을 하도록 질문을 해야 할 것이다. 모든 교인은 그들의 목회자들과 다른 직분자들에게 교회 지도력을 추구하는 그들의 동기가 무엇인지를 물을 권리가 있다. 그리고 나서 교인들은 지도자들이 자신들이 주장하는 동기에 부합하고 있는지 아닌지 그들의 삶의 증거(열매)를 살펴보아야 할 것이다.

당신이 실제로 어떤 사람이냐 보다 사람들이 생각하는
당신이 어떤 사람이냐가 더 중요한 문제이다.
— 죠셉 케네디


20세기 초, 빅토리아 여왕이 통치하던 초기에 도덕이 풍습들로
대치되기 시작하였다…이러한 사조가 도래했다는 것은
기독교 신앙과 도덕을 거절하는 타락한 풍습들이
대중문화를 지배하기 시작했다는 것을 의미한다.
— R. J. 러쉬두니


저희 모든 행위를 사람에게 보이고자 하여 하나니…
화 있을찐저 외식하는 서기관들과 바리새인들이여!
잔과 대접의 겉은 깨끗이 하되
그 안에는 탐욕과 방탕으로 가득하게 하는도다.
— 예수 그리스도

# 5
# 그들은 사람에게 보이기 위하여 하나니

**다른** 사람들에게 좋게 보이려는 것은 인간의 본성이다. 그러나 어떤 기독교 지도자들과 기관들은 (일부 정치가들이나 정당들처럼) 전적으로 대중적 이미지에 정신이 팔려 있다. 교회가 도덕과 실제의 모습보다 관습을 앞에 놓을 때, 그것은 예수님께서 마태복음 23장 5~7절과 25~28절에 말씀하신 것과 같은 것이 된다. 지도자들이 진리를 왜곡하고 겉으로 잘보이기 위하여 연약한 사람들을 조종할 때, 그들은 학대하는 것이다.

나는 최근에 루마니아로부터 기독교 단체가 그들의 이미지에 초점을 맞추는 게 지나칠 때 일어날 수 있는 학대를 설명해 주는 한 장의 편지를 받았다. 그 편지는 기독교 회합을 열기 위하여 루마니아에 오라는 초청장이었다. (내가 쓴 책을 본 것 외에는) 나를 모르는 그 편지를 쓴 루마니아 목사는 몇 가지 기본적인 규칙들을 세우는 것이 필요하다고 느꼈다. 그는 혁명이 일어난 후 루마니아에는 그곳에서 대규모

집회를 열기를 원하는 기독교 단체의 대표자들이 쇄도하고 있다고 설명하였다. 그들의 주요 목표는 국제적으로 관련이 있는 것처럼 보이기 위한 것이었다. 그들은 기부자들이 집에 돌아갈 것을 대비하여 사진을 찍고 비디오를 촬영하였다. "그러나 그들은 전혀 우리를 돌보지 않았다. 그들은 오직 국제적인 목회 활동이라는 그들의 평판에만 관심이 있었다."

## 진리를 펼침

젊었을 때 나는 큰 서부 해안 도시 중심에서 노방 전도단을 조직한 적이 있었다. 나는 몇 개의 지방 교회들의 지원을 통하여 자금을 조달하였다. 그 선교는 마약과 알콜 남용을 하는 젊은이들에게 다가가는데 매우 효과적이라는 것이 증명되었다. 많은 젊은이들(그들 중의 몇 명은 극적인 간증 거리를 가지고 있었다)이 그리스도께 헌신하였다. 나는 지원하는 교회들에게 이러한 간증 중에서 가장 감명 깊은 내용들을 보고서에 써서 보냈다. 교회들은 우리의 성공에 흥분하였고 그들의 눈에 내가 좋게 보였다. 이것이 나로 하여금 실패에 대한 이야기는 줄이거나 (혹은 아예 전부 빼고) 더 자극적인 성공담에 대해서만 보고하게 만들었다. 그래서 의도적으로 거짓 보고를 한 것은 아니지만 결과적으로는 우리의 일에 대해서 왜곡된 이미지를 만들었다.

지원 교회들에게 좋게 보이려는 나의 욕구는 점차 커져서 점점 내가 자원 봉사자들을 다루는데 영향을 미쳤다. 어느 날 지원 교회들의 방문을 받게 되었는데, 나는 봉사자들을 길가에 서서 사람들과 말하면서 바쁜 것처럼 보이게 하였다. 비록 그들이 다른 중요한 활동 계획을 가지고 있을지라도, 나는 그들이 겉으로 좋게 보이도록 만들었다.

내가 행한 행동의 방법에 대해서 죄책감을 느끼기 시작했을 때, 나는 지원 교회 중의 한 교회의 담임 목사를 찾아갔다. 나는 그 사실을 고백하고 상담하기를 원하였다. 이야기를 하고 난 후 나는 비난을 어쩌면 용서의 말을 기대하였다. 그러나 그 대신에 그 목사는 묘한 모습으로 나를 쳐다보면서 말하였다. "그래서, 켄, 요점이 무엇입니까? 우리는 낙관적인 보고를 기대하고 있습니다. 목회를 하는 그 누구도 꾸미지 않은 진실을 말하는 사람은 없습니다. 우리는 보고를 할 때에 당연하게 과장합니다."

그가 한 말이 사실이라면, 교회는 정규적으로 스스로에게 거짓말을 하고 대중적인 관계를 충족시키기 위하여 사람들을 이용하는 것을 묵과했다는 것이 된다. 세상이 우리를 의심하는 것은 전혀 이상한 일이 아니다.

나는 지금 적극적으로 치유 목회를 하고 있으며, 주로 사람들에게 질병에서 낫기를 위하여 어떻게 기도해야 하는가를 가르치고 있다. 나는 종종 병든 사람들이 소위 믿음의 치료자들에게 어떻게 조종당하며 이용당하는지에 대해서 듣는다. 사람들에게 치유를 간구하도록 강요하는 치유 집회에서 실제로 치유가 일어나지 않은 경우는 흔하다. 다른 사람들은 치유가 일어나지 않은 것이 병든 사람의 불완전한 믿음 때문이라고 비난한다. 이러한 경우 질병의 희생자는 자신을 좋게 보이는 데 실패한 지도자에 의하여 또다시 희생을 당하는 것이다. 겉으로 좋게 보이려는 것 때문에 사람들은 학대를 당하는 것이다.

## 꾸미는 것을 부정함

이와 같은 이야기의 좀더 일반적인 모습은 예배 출석률과 교회 프로그램에 대한 호응도가 저조한 것에 대하여 교인들을 꾸짖고 교회를 비난하는 목회자의 모습에서 찾을 수 있다. 자신의 지도력의 부족함이나 결점을 살피기보다, 교인들의 결점에만 초점을 맞추고 있는 것이다. 그러한 사람은 실제로 무엇이 잘못되었는가를 발견하려는 것보다 겉모습을 유지하는데 더 관심이 있다.

다양한 형태의 학대하는 지도자들 중에는 인간의 연약성과 부패성의 깊이는 전적으로 부정하면서 겉모습에만 정신이 팔려 있는 지도자가 있다. 이런 사람은 전형적으로 '긍정적인' 사람이라고 할 수 있는데, 언제나 미소를 짓는다. 이러한 목회자의 설교는 쉬운 해답과 그럴 듯한 충고로 가득 차 있다. 그는 부모가 절대로 자신의 문제를 드러내지 않는 것처럼 자신의 어두운 시험들과 결혼 문제 그리고 실패들에 대해서는 드러내지 않는다. 오로지 고백되는 개인적인 갈등은 과거 시제로 표현되기 때문에 우리는 그가 어떻게 승리하였는가만 알 수 있다. 종종 이러한 목회자는 절대로 문제를 직면하지 않는 '예스 맨, 예스 우먼'의 핵심적인 지도 세력만을 끌어 모은다. 그 목회자는 부정 속에서만 살도록 허용하기 때문에, 그 누구도 인간의 연약성을 인정할 수 없다. 그러나 부정은 정직을 가로막고 학대를 촉진시킨다.

이러한 목회자의 교인들은 곧 그 교회에서의 삶에는 자신들의 죄를 드러낼 기회가 없으며, 그들의 고통을 위한 목회 영역이 없다는 것을 알게 된다. 거기에는 그들의 짐을 가볍게 하는 것을 도와줄 사람이 아무도 없다. 그래서 전체 교인들은 결국 목회자의 진실 부정 속에 빠져들게 된다.

부정하면서 사는 것은 파괴적이며, 커다란 문제를 위한 기초 작업을 넘어뜨리는 것이다. 예를 들어, 결혼 생활에 문제가 있는 부부가 정직한 것보다 겉모습이 더 중요하다는 생각을 가지고 있을 때, 그들은 자신들의 고통과 문제를 그것만 따로 분리해서 감춘다. 인간적인 평안과 교회 가족의 영적 공급으로부터 단절되어 그들의 결혼 생활은 심연으로 미끄러져 들어간다.

역기능 가정은 교회에 자신들의 불완전을 위한 여지가 없다는 것을 발견할 때, 그것을 감추어 버린다. 그들은 미소를 지으며 실제 그들의 **상태**보다는 더 기독교적인 가정**처럼** 보이기 위한 무언의 규칙을 보여 준다. 고통은 주목받지도 않고 다루어지지도 않으며, 그래서 더 나쁜 상태가 된다.

그러나 언제나 이러한 교회들 안에는 자신들의 고통을 드러내고 어떠한 방법이든지 도움을 원하는 절망적인 영혼들이 있을 것이다. 어떤 친구 목사가 나에게 어떻게 그와 그의 동역자들이 그러한 사람들을 다루어 왔는가에 대해서 말해 주었다. 그는 말하기를 "사람들이 심각한 문제들을 가지고 우리에게 오면, 우리는 언제나 그들을 고쳐 주고 가능한 한 좋게 보이게 하려고 노력하였다. 사람들이 교회로 인하여 상처를 받아서 문제를 갖게 되었을 때, 우리는 방어하고 침묵을 지키도록 압력을 행사하였다. 그것은 역기능 가정에서 당신이 볼 수 있는 '말하지 말라' 는 오래된 규칙이었다" 라고 하였다.

모든 교회는 모든 욕구들을 충족시키기 위한 인간적인 수단이나 혹은 영적이며 심리학적인 기술들을 가지고 있지 못하다. 그러나 욕구들을 드러내도록 해주고, 그러한 것들을 받아들이는 안전한 장소를 제공하는 것이 교회의 중점 위임 사항이며 우리가 할 수 있는 최소한의 일이다. 바울은 분명히 우리에게 "다른 사람의 짐을 져 주라"고 요청하고 있다. 그는 다음과 같이 말하고 있다. "너희가 짐을 서로 지라 그리하여 그리스도의 법을 성취하라"(갈 6:2). 우리가 만일 겉으로 좋게 보이게 하기 위하여 우리의 짐을 부정한다면, 다른 사람들은 우리의 짐을 져 줄 수 없다.

부정은 지도자들에 의하여 만들어지고 추종자들에 의하여 전달되는

데, 결국에는 교회 가족 자신들을 위한 삶의 방법이 된다. 교인들이 외부 사람들에게 좋게 보이기 위하여 자신들의 결점들을 부정하려는 음모를 꾸밀 때, 그 교회는 다른 역기능 가정처럼 행동하기 시작한다.

## 말하지 말라

역기능적인 교회 혹은 종교 집단에서 가장 문제되는 학대의 특징들 가운데 하나는 무언의 '말하지 말라' 는 규칙이다. 이 규칙은 어떤 문제는 그것이 드러날 경우 그 집단이 나쁘게 보일 것이며, 변화되어야만 하기 때문에 절대로 드러나서는 안된다는 것을 함축하고 있다. '말하지 말라' 는 규칙 자체는 절대로 말하면 안되는 문제들 가운데 있다.

그러한 속임수와 억압이 공동체 안에 존재하도록 묵인하는 것은 다양한 학대를 조성하는 것일 뿐 아니라 그리스도인의 교제의 의미를 부정하는 것이다. 만일 어떤 문제들, 예를 들어 지도력이나 의사 결정 혹은 얼마나 돈이 소비되었는가와 같은 문제들이 있을 경우 당신은 교인들과 의논할 수 없으며, 그들과 기독교적인 친교를 나눌 수 없을 것이다. 대신에 당신이 공유하는 것은 쉐프와 파셀(Anne Wilson Schaef & Diane Fasell)이 '중독적인 조직' 이라고 부른 것에 대한 언질이다. "중독적인 조직 안에서의 의사 소통은 종종 간접적이다. 다른 사람들과 갈등을 느끼는 사람들은 관심 있는 사람들에게 공개적으로 그들의 갈등을 말하기를 거부한다. 그들은 또한 공개적으로 그러한 갈등들을 논의하지 않으려 한다. 대신에 그들은 중요한 문제들은 회피하고 사소한 문제들을 다른 사람에게 가지고 온다"[1]

오늘날의 교회에서 험담은 가장 파괴적인 해악 중의 하나인데, 그것은 실상 '말하지 말라' 는 규칙에 의하여 조장된다. 만일 어떤 문제가 합법적인 방법으로 말해질 수 없다면, 그 문제들은 불법적인 방법에 의하여 말해지게 될 것이다. 그러할 경우 실제로 일어나는 것은 적절치 못한 욕구불만의 표출이다. 비록 험담이 일시적으로 긴장을 제거해 주고 친밀한 느낌을 주지만, 그 결과는 해롭다.

지도자들에게 있어서 험담은 또한 통제의 수단으로 작용할 수 있다. 지도자들은 사정을 잘 알고 있고, 교회를 좌지우지 할 수 있기 때문에 믿을 만한 정보 센터처럼 행동할 수 있다. 집단이나 집단 내의 어떤 개인에 대해서 들리는 소문을 가지고 그들은 사람들을 혼란스럽게 하거나 혹은 위협할 수 있으며, 그렇게 해서 사람들을 통제하에 둔다.

교회에 담임 목사의 독재적인 형태의 지도력에 정당한 관심을 가지고 있는 어떤 여인이 있다고 가정을 해보자. 그녀는 먼저 목회자에게 그러한 지도력에 대해서 말하고, 그 목회자는 그녀의 말을 무시한다. 그러자 그녀는 다른 사람들에게 자신의 관심사에 대해서 말한다. 그런데 그러한 점은 목회자가 그녀를 위협적인 존재로 여기게 한다. 그는 교회의 중요한 직분자들에게 그녀에 대한 소문을 퍼뜨림으로써 그녀의 공격에 반격을 한다. 목회자는 그녀와 그녀의 남편과 있었던 최근의 결혼 상담 과정에서 그녀가 모든 권위, 특히 남성의 권위에 깊은 반항심을 가지고 있다는 것을 고백하였다고 말한다. 그들의 목회자로서 물론 그는 그녀의 '정당한 권위에 대한 미움'에 관심을 가지고 있었다. 그러나 이것이 최근에 있었던 그에 대한 (그가 관찰하기에) 그녀의 공격의 이유라고 여겨진다. 그녀와 그녀의 관심은 인정받지 못하고, 도외시되고, 거절된다. 그녀 역시 이제 불순종하는 사람이라는 꼬리표가 붙어 있기 때문에 개인적으로 상처를 입게 된다.

목회 현장에서 발생하는 험담은 정보의 흐름과 힘의 유지를 통제하는 수단들 중의 하나이다. 정보 통제의 또다른 효과적인 수단은 어떤 조직을 '업라이닝'(uplining)처럼 여기는 것이다. 업라이닝이란 조직의 구성원들이 모든 질문과 관심사들을 직접 지도자에게 가져와야만 하는 것을 의미한다. 그들은 절대로 지도자보다 먼저 다른 어느 누구와도 어떤 문제에 대해서도 의논해서는 안된다. 이 지도자는 그러한 관심사를 자신만이 알고 있거나 혹은 그보다 위에 있는 지도자에게 알린다. 그러한 폐쇄적인 체계는 지도자들에게 정보의 흐름을 통제 가능하게 해주며, 어떤 사람에게 말하지 않을 것인지, 어떤 문제들을 선택할 것인지를 가능하게 한다.

건강한 그룹은 정보의 흐름을 자유롭게 해준다. 구성원들은 각각의 사람들의 견해와 관심사들을 받아들일 준비가 되어 있다. 병든 그룹들은 일반적으로 혼동스럽고, 불완전한 혹은 통제된 의사 소통에 의하여 고통을 당한다. 아터번과 펠톤은 다음과 같이 설명하고 있다. "중독적인 신앙 체계에서의 의사 소통은 쌍방향의 의사 소통이 아니다. 정보는 오직 조직의 맨 꼭대기에서 나와서 아래로 전달될 때에만 유효하다. 그들이 이미 진실일 것이라고 믿고 있는 것과 일치되지 않으면, 그들은 그것을 귀담아 들으려고 하지 않을 것이다"[2]

표현의 자유와 정직한 질문들과 직접적인 말을 관용할 능력이 없음은 학대적인 체계의 특징이다.

## '일치' 로의 부름

'말하지 말라' 는 규칙의 또다른 결과는 그룹 안의 사람들이 결국 침묵을 깨고 그룹의 문제들을 말하기 시작하였을 때, 박해를 받게 된다는 것이다. 그들은 문제가 일어나기 시작할 때까지 모든 것이 괜찮다는 말을 듣는다(근친상간이 있는 가족은 첫째 딸이 아버지와 가족에게 그 사실을 폭로할 때, 이와 똑같은 방법으로 반응한다).

만일 폭로자들이 그룹의 문제를 바깥 세상에 누설할 경우, 그 그룹은 그 사람들에 대한 평판을 나쁘게 하는데 동원될 것이다. 때때로 날조된 반론들이 떠돌 것이지만, 대부분의 경우 종종 문제를 일으키는 사람의 정신과 정서 상태는 의문시된다. 거의 대부분 실제 문제는 받아들여지지 않고, 혼자서 그 문제를 처리하게 놔둔다. 진정한 문제들은 알려지지 않는다. 대신에 문제의 폭로자들 자신이 문제가 된다. 정직한 조사는 회피되고 부정이 유지된다.

이것이 최근에 내 친구에게 일어난 일이다. 그가 공개적으로 자신이 속한 교단의 교리적인 오류와 목회상의 학대에 대해서 질문하기 시작했을 때, 지도자들은 그를 가로막았다. 대단히 구체적이고 명백한 고소 내용에 대해서 교단의 지도자들은 응답하는 대신에 그가 상처를 받았거나 혹은 그들에 의하여 소외를 당했기 때문에 공격적으로 행동한다고 공개적으로 추측하기 시작하였다. 어떤 사람은 그가 언제나 권위자와 문제가 있었다고 말하였다. 그를 좀더 알아보려는 다른 사람들은 그가 자녀들에 의하여 상처를 받았기 때문에 억압된 감정을 폭발시키는 것이 아닌가 의심하였다. 더 나아가서 동료 목회자 중의 몇 명은 지방 신문에 그가 쓴 기사를 삭제시키기 위하여 억압을 가하였다. 그들은 그의 비판이 (비록 그것이 정확하고 정당한 것이었지만) '교회의 일치'를 저해하는 것이라고 생각하고 있었다.

일치에 대한 얄팍한 호소는 학대하는 그룹의 공통적인 책략이다. 그러나 그것은 종종 효과를 발휘하는데, 그것은 누구도 교회에 불일치를 가져왔다는 비난을 듣고 싶지 않기 때문이다. 우리는 모두 그리스도의 몸의 일치를 간절히 바라고 있다. 심지어 천사도 그것을 간절히 바라고 있다. 그러나 진 에드워드(Gene Edwards)가 말한 것처럼 "지나친 일치를 요구하는 지도자를 조심해야 한다."[3] 학대하는 지도자들은 종종 비판적인 검토로부터 자신을 보호하기 위하여 일치를 호소한다. 학대하는 그룹의 어떤 생존자가 그러한 경우에 대해서 다음과 같이 전해주고 있다. "나는 지쳐 있었습니다. 괴롭힘으로 인하여 지쳤고 다른 사람들이 모두 일치라는 이름으로 괴롭히고 학대하고 있는 것처럼 보였습니다. 나는 계급 간에 의견의 불일치를 관용치 못하고, 독재적인 사람들에 의해 기독교인들에게 행사되는 정책에 대하여 전혀 건설적인 비판을 할 수 없는 허약한 믿음을 가진 조직을 대표하는데 지쳤습니다."[4]

일치에 대한 어떤 부름도 반드시 비판적으로 검토가 되어야만 한다. 요구되는 일치가 진정한 기독교적인 일치인지 아니면 비기독교적인 획일성인지 어떻게 알 수 있는가? 진정한 일치는 순간 순간 주어지는 자유롭고 자원하는 상호간의 복종이다. 그것은 절대로 강요되지 않는다. 만일 일치가 모든 문제에 대해서 모든 사람이 지도자에게 동의하는 것으로 정의된다면, 그것은 독재에 의한 획일성이며, 그리스도에 대한 경외심에 의하여 모든 사람이 서로간에 복종하는 일치가 아니다. 만일 일치가 깊이 느끼고 있는 관심사에 대한 침묵의 요구를 포함하고 있다면, 그것은 기독교적 일치가 아니기 때문에 우리는 그것에 복종할 필요가 없다.

## 경문, 성경 그리고 감미로운 음성들

예수님 시대의 바리새인들은 그들의 추종자들 사이의 획일성에 대한 욕구에 정신이 팔려 있었다. 그들은 신앙의 획일적인 통설을 강요하고 율법을 통하여 그것을 실천하도록 강요하려고 시도하였다. 예수님은 그들의 학대 행위들을 폭로하셨다. 예수님은 스스로 자유로우신 분이기 때문에, 고통스럽지만 그들에게 필요한 진실을 말할 수 있었다. 공개적으로 그리고 서로에게 좋게 보이려는 신경증적인 그들의 욕구를 지적하면서 예수님은 그들이 행하고 있는 바에 대해서 다음과 같이 언급하셨다. "저희 모든 행위를 사람에게 보이고자 하여 하나니 곧 그 차는 경문을 넓게 하며 옷술을 크게 하고"(마 23:5).

경문은 성경의 일부를 담은 검고 작은 상자였다. 어떤 바리새인은 하나님의 율법에 대한 그의 헌신을 공개적으로 나타내 보이고자 가죽 끈으로 경문을 이마에 묶고 다녔다. 경문의 숨겨진 개념은 신명기 6장 4~8절에서 왔는데, 거기서 모세는 이스라엘 백성들에게 명령하기를 하나님의 계명을 마음에 새기고, 자녀들에게 가르치며, 그것을 손목에 매어 기호로 삼고 미간에 붙여 표를 삼으라고 하였다. 하나님의 율법을 손과 이마에 붙이라는 이러한 지시는 물론 히브리인들의 아름다운 은유적 표현이다. 하나님의 율법을 우리의 손에 묶는 경우, 그것은 우리가 하나님의 율법이 우리의 손이 행하는 바를 지시하고, 우리의 행위를 지도하도록 허락한다는 것을 의미한다. 하나님의 율법을 우리의 이마에 붙인다는 것은 분명히 하나님의 율법이 우리의 마음을 가르치고 우리의 의사 결정을 지도하도록 한다는 의미이다.

이렇게 아름다운 은유를 작고 검은 상자를 미간에 붙이는 것으로 축소시킨다는 것은 그 핵심을 완전히 놓치는 것이다. 바리새인들은 확실하고 우스꽝스러운 방법으로 그것을 놓쳤다. 그들은 그 상자를 이마에 붙잡아맸을 뿐만이 아니라 그들의 뛰어난 경건성을 나타내기 위하여 그것을 넓혔다. 헌신 자체보다 헌신의 상징이 바리새인들에게는 더 중요했었고, 지금도 중요한 것이다.

넓혀진 경문은 특별한 종교적인 조직의 관습에서 비슷하게 나타난다. 물론 그러한 모든 상징과 행위들은 그 조직 외의 사람들에게는 어리석어 보인다. 어떤 근본주의자들에게 넓혀진 경문이란 낡고 비싼 독특한 번역의 크고 검은 성경책일 것이다. 다른 모임에게 있어서 그것은 감명 깊은 연설 태도 혹은 '주 찬양'과 함께 구사되는 어떤 사람의 화려한 대화가 될 것이다. 또 어떤 사람에게 그것은 양복과 넥타이를 입는 것이 될 것이며, 또다른 사람들에게는 청바지나 티셔츠를 입는 것이 될 것이다. 예는 얼마든지 있다.

경건성을 보호하기 위하여 취하는 종교적 가장을 나는 '설교자의 음성'이라고 부른다. 어떤 설교가들은 강단으로 올라갈 때에 고의적으로 자신들의 음색과 음정을 (아마도 내가 추측컨대 하나님의 음성과 좀더 같은 소리로 나게 하기 위하여) 바꾼다. 그것은 마치 그들이 단순히 평범한 한 사람이라기 보다는 하나님의 종의 일부인 것처럼 연기하고 있는 것이다.

경문을 넓히는 것은 물론 보이기 위한 것이다. 대부분의 그러한 종교적인 취향들은 거의 우스꽝스럽거나 혹은 짜증나게 하며, 비난을 받거나 혹은 단순히 무시되어야 한다. 그러나 그것들은 또한 위험한 징조들이다. 그렇게 헌신의 외적 징조들을 많이 만드는 것은 내부의 믿을 만한 영적 생명이 죽었거나 죽어 가고 있다는 것을 나타내 주는 것이다. 확대된 경문은 또한 그것을 매고 있는 사람이 다른 사람들에게 어떻게 보이느냐에 너무 관심이 쏠려 있다는 것을 나타내 준다. 그러한 사람들이 권력을 갖게 되면, 그들은 위험하며 신뢰하거나 따를 만하지 못하게 된다. 그들이 자기 자신들의 이미지와 다른 사람들의 진정한 욕구 가운데서 하나를 선택하도록 요구받는다면, 그들은 언제나 자신들의 이미지를 취할 것이다.

예수님은 마태복음 23장 25절에서 영적인 완전을 소홀히 하면서 겉만 좋게 보이는데 열심인 사람들의 위험성을 폭로하신다. "화 있을진저, 외식하는 서기관들과 바리새인들이여! 잔과 대접의 겉은 깨끗이 하되 그 안에는 탐욕과 방탕으로 가득하게 하는도다" 이러한 사람들은 주일 예배에서 스스로 빛나 보이려고 하는 지도자들이다. 그들은 예배의 진행 형태에 대한 규범을 세운다. 그러나 그 속에는 오직 죽음만이 있다. 이 애처로운 영혼 중의 많은 사람들이 그러한 지도자들이 다른 사람들을 위하여 만든 학대 체계의 함정에 빠진다. 이제 그들의 영적인 메마름과 죽음에 대하여 말할 수 있는 그들을 위한 장소는 없고, 그 짐을 짊어지고 가는 것을 도와줄 사람도 아무도 없다.

## 존경의 장소들과 칭호들

예수님은 "잔치의 상석과 회당의 상좌와 시장에서 문안 받는 것과 사람에게 랍비라 칭함을 받는 것을 좋아하느니라"(마 23:6~7)고 지적함으로써 바리새인들에 대한 폭로를 계속하신다. 모든 사람들에게 그의 생애에서 때때로 잔치에 참가하여 존경받는 자리에 앉는다는 것은 좋게 보일 것이다. 우리가 서로 존경한다는 것에는 전혀 나쁜 것이 있을 수 없다. 그러나, 바리새인들은 존경을 **요구하였다**. 그들은 필사적으로, 실제로는 전혀 그렇지 않으면서 존경받는 사람으로 알려지기를 원하였다.

존경받는 사람으로 보이고 싶어하는 그들의 위선적인 욕구에 대한 예수님의 묘사가 마태복음 6장에 우스꽝스럽게 나타나 있다. 여기서 예수님은 바리새인들이 "사람들에게 영광을 얻으려고"(2절) 나팔을 불며 자신들의 구제 행위를 알리고 있다고 묘사한다. 그들은 또한 보이기 위하여 회당의 잘 보이는 곳과 관심을 끌기 위하여 큰 거리의 어귀에 서서 "사람에게 보이려고"(5절) 기도한다. 예수님은 그러한 보이기 위한 행위에 대해 경고하시면서 "사람에게 보이려고 그들 앞에서 너희 의를 행치 않도록 주의하라"(1절)고 하신다. 그리고 우리는 기도할 때에 골방에 들어가 "문을 닫고"(6절) 기도해야 한다.

마태복음 23장에서 예수님은 존경에 대한 바리새인들의 욕망을 꾸짖으신다. 그러나 종종 그는 같은 죄 때문에 제자들을 꾸짖으셨다(마 18:1~5; 19:27; 20:9~16; 20:28). "최고가 되려는 욕망, 위대하게 보이려는 욕망은 종종 복음서에서 가장 치열하게 갈등하는 욕망이다. 최고 주의는 마태복음 23장에서 예수님에 의해 잘못된 신앙의 주요 근원으로 드러나고 있다."[5]

존경에 대한 바리새인들의 욕구와 위대한 것처럼 보이려는 그들의 갈망은 '나의 위대한 분'으로 여겨지고자 하는 그들의 열망에 나타나고 있다. 랍비에 해당하는 현대적인 칭호들은 특별한 종교 집단에서 발견할 수 있을 것이다. 어떤 집단에서는 '나의 위대한 분'이 '목사' 혹은 좀더 좋게 '담임 목사'가 될 것이다. 다른 집단들에서는 '박사,' '성직자,' '감독' 혹은 '장로'가 최고를 나타내는 칭호가 될 것이다. 그러한 칭호들은 그것을 가진 사람들과 대중 사이에 거리감을 만들어 준다. 물론 그것은 그들 스스로 그렇게 만든 것이다.

나는 공개적으로 자신을 아무개 목사 혹은 아무개 박사라고 부르도록 모든 사람들(자신들의 가족들을 포함해서)을 훈련시키는 교회의 지도자들을 알고 있다. 내가 추측컨대, 이러한 훈련은 그들의 지위에 대한 숭배와 존경을 더하게 하려는 계산인 것 같다. 나는 권위를 강화시키기 위한 칭호에 대한 지도자들의 욕구가 진정한 권위의 부족을 직접적으로 나타내 주는 것이라고 믿고 있다. 특별한 신분과 칭호에 대한 요구는 진정한 확신의 부족을 나타낸다. 이것이 예수님께서 그러한 경칭과 신분을 나타내는 칭호를 금하신 이유일 것이다.

> 그러나 너희는 랍비라 칭함을 받지 말라 너희 선생은 하나이요 너희는 다 형제니라 땅에 있는 자를 아비라 하지 말라 너희 아버지는 하나이시니 곧 하늘에 계신 자시니라 또한 지도자라 칭함을 받지 말라 너희 지도자는 하나이니 곧 그리스도니라. 너희 중에 큰 자는 너희

를 섬기는 자가 되어야 하리라 누구든지 자기를 높이는 자는 낮아지
고 누구든지 자기를 낮추는 자는 높아지리라(마 23:8~12).

나는 더 이상 분명하고 강력한 어떤 말을 생각할 수 없다. 만일 우리가 여기서 예수의 말씀을 신중하게 생각한다면, 우리는 모두 우리의 지도자들을 어떻게 부르고 있는가에 대해서 다시 생각해야만 할 것이다. 8절을 좀더 글자 그대로 현대적으로 풀어 보면 다음과 같다. "너희는 절대로 박사나 성직자 혹은 주님이라고 칭함을 받지 말라. 너희에게는 오직 한 주님만이 있고, 다른 모든 사람들은 너희의 형제요 자매이기 때문이다." 이것은 분명히 모든 계급적인 종교 기구들에 대한 비난이 될 수 있다. 예수님은 근본적으로 그의 교회와 자신을 절대적인 동격으로 여기셨다.

그는 계속해서 말씀하신다. "땅에 있는 자를 아비라 하지 말라. 너희 아버지는 하나이시니 곧 하늘에 계신 자시니라"(9절). 이것은 만일 어떤 사람이 아버지, 박사, 목사 혹은 성직자로 칭함 받기를 요구한다 하더라도 당신은 그것을 거부해야 한다고 말하는 것이다. 그 아버지 앞에서의 모든 하나님의 백성의 근본적인 사회적 평준화는 교회를 하나님의 한 가족으로 변화시켰다. 이것이 전체의 요점이다(엡 2:19; 딤전 3:15).

이러한 노선을 따라서, 바울이 그의 편지에서 '감독'과 '집사'의 직책과 칭호들을 어떻게 사용하고 있는가를 살펴보는 것은 유익하다. 예를 들면 빌립보서 1장 1절에서 보면, 바울은 감독들(혹은 감독관들)과 집사들에게 인사를 할 때에 정관사를 빠뜨리고 있다. 이러한 의도적인 생략은 **감독**과 **집사**라는 칭호가 그들의 직책이라기 보다는 그들의 특별한 목회적 섬김 혹은 기능을 설명해 주는 것임을 의미하고 있는 것이다. 다른 말로 하면 그들의 칭호는 계급 조직 안에서의 그들의 지위

라기 보다는 사람들을 위해 그들이 해야 할 일을 나타내 주고 있는 것이다. 이 구절에 대한 주석을 통하여 랄프 마틴(Ralph Martin)은 다음과 같이 말하고 있다. "이 단어들(감독들, 집사들)이 교회의 직책을 가지고 있는 사람들을 가리키는 것이 아니라 그들이 부여받은 의무를 나타내 주는 것이라는 데에는 일반적으로 의견의 일치가 있는 것으로 보인다"[6]

예수님은 분명히 교회의 직책상 칭호를 사용하는 것을 금하셨다. 그러나 바울을 신뢰할 수 있다면, 우리는 그 칭호가 기능을 나타내는 것일 경우 사용할 수 있을 것이다. 우리가 꼭 사용해야 하는 경우에 그 칭호들을 생략한다면, 그것은 어색하거나 혹은 주의를 끌게 될 것이다. 예를 들어 우리 교회의 어떤 여인이 나를 자신의 어머니에게 소개할 경우, 목사라는 칭호를 사용하지 않고 소개하기는 어려울 것이다. 이력서 혹은 학위 과정에 쓸 때, 내가 박사 학위를 가지고 있다고 말하는 것은 정당한 목적이 될 것이다.

예수님은 그의 가정에 영적 아버지, 어머니, 장로, 신학 박사, 교사 혹은 지도자로서 기능을 감당하는 사람들이 전혀 없어야 한다고 말하고 있는 것이 아니다. 그것이 아니라 예수님은 우리의 섬김의 기능을 나타내 주는 칭호들이 절대로 다른 사람에 대해서 우리를 높이거나 혹은 우리의 형제와 자매들에게 우리를 '최고의 존재'로 여기도록 강요하는데 사용되어서는 안된다고 말씀하고 있는 것이다.

바울은 이러한 주제를 빌립보서 2장에서 자세히 말해 주고 있다. "아무 일에든지 다툼이나 허영으로 하지 말고 오직 겸손한 마음으로 각각 자기보다 남을 낫게 여기고…너희 안에 이 마음을 품으라 곧 그리스도 예수의 마음이니 그는 근본 하나님의 본체 시나 하나님과 동등됨을 취할 것으로 여기지 아니하시고 오히려 자기를 비어 종의 형체를 가져 사람들과 같이 되었고"(3, 5~7절).

얼마나 많이 우리가 우리의 이미지를 호전시키고 우리의 확신을 보강하기 위하여 직책이나 권위의 상징에 대한 욕구를 느끼든 예수님은 그러한 것들을 허락하지 않으실 것이다. 하나님의 나라에서 위대해지는 유일한 방법은 겸손한 봉사를 통하는 것이다. 겸손한 봉사를 통하여 위대함을 추구하는 것은 영원한 결과를 가져다준다. "누구든지 자기를 높이는 자는 낮아지고 누구든지 자기를 낮추는 자는 높아지리라"(마 23:12). 데일 브룬너(Dale Brunner)에 의하면, "이 구절의 두개의 미래 시제로 된 동사 '낮아지고'와 '높아지리라'는 마지막 심판의 평결을 언급하고 있는 것이다."[7] 그러므로 겸손한 봉사가 지금 보상되지는 않지만, 미래에는 그렇게 될 것이다. 영적 학대가 지금은 심판을 받지 않지만, 미래에는 심판을 받을 것이다(마태복음 16:27을 보라).

## 성경 구절을 왜곡시킴

학대하는 지도자들은 '사람들에게 보이려고' 모든 것을 하기 때문에 자신들의 경건과 지위와 칭호와 직책에 대한 욕망을 과시한다. 그것에 덧붙여서 불안한 지도자들이 자신들의 이미지를 강화시키고 방어하기 위하여 사용하는 또다른 도구는 언어이다. 학대하는 지도자들은 종종 속이는 말과 이기적인 말들을 사용한다. 그들은 의사 소통을 하기보다는 혼란시키고, 조종하고 위협한다. "화 있을찐저 소경된 인도자여 너희가 말하되 누구든지 성전으로 맹세하면 아무 일 없거니와 성전의 금으로 맹세하면 지킬지라 하는도다 우맹이요 소경들이여 어느 것이 크뇨 그 금이냐 금을 거룩하게 하는 성전이냐"(마 23:16~17).

예수님 시대의 거짓 교사들은 성경에 명백하게 드러나 있는 것 이상의 속 뜻과 하나님의 역사하심을 알도록 요구하였다. 마태복음 23장

16~22절에서 예수님은 간사하고, 불명확하고, 난해하고, 숨겨졌거나 복잡한 모든 종교적인 언어들을 비난하신다. 신학 저술가들은 때때로 유일하게 자신만이 그러한 언어를 사용할 수 있는 정신적 지도자인 체 하는 죄를 범하고 있다. 오늘날 우리는 또한 신성한 하늘의 계시와 원리, 권세들 그리고 죽을 수밖에 없는 인간들은 다가가지 못할 하나님의 숨겨진 목적들을 주장하는 '예언자들'을 가지고 있다. '믿음 치료자들'은 특별한 질병에 대한 하나님의 응답을 받는 기도를 찾는 비밀을 알고 있다고 우리에게 말한다. 사람들은 평범하고 복잡하지 않은 성경 읽기가 가능하다고 여기기 보다는 성경 본문을 더 많이 읽으라고 요구하는 성경 교사들처럼 행동을 취한다. 종교 지도자들이 우리의 휴식에서 감추어진 하나님이나 혹은 성경에 대한 특별한 지식을 요구할 때마다, 우리는 거짓되고 학대하는 가르침이나 또는 그보다 더 나쁜 어떤 것 앞에 처하게 될 것이다.

학대하는 지도자들은 또한 자신들이 위협을 받고 있다고 느낄 때에는 우리를 혼동시키고 궤도를 벗어나게 하는 언어를 사용한다. 즉각적이든지 나중이든지 그들은 공공연하고 분명하고 쉽게 믿어지지 않는 어떤 것을 말할 것이다. 자신들의 오류를 받아들이기보다, 그들은 공적인 책임으로부터 빠져나가는 말들을 사용한다.

어떤 목회자가 최근에 요구한 연봉은 7만 달러였다. 그런데 나중에 그의 목회 사례비로 일년에 50만 달러가 지불되었다는 것이 밝혀졌다. 그 모순에 대한 설명을 요구받았을 때, 그는 다음과 같이 말했다. "아, 먼저는 나의 실제적인 봉급만을 말한 것이었습니다. 사택 관리비와 자동차 운행비와 접대비, 의료비, 그리고 퇴직금은 포함되어 있지 않았습니다."

수년 동안 우리는 곧 다가올 전세계적인 부흥에 대한 예언과 예고를 들어왔다. 약속한 바와 같은 부흥이 오지 않았을 때, 그것을 예견한 지도자들은 종종 자신들의 오류를 부정할 창조적인 방법을 고안한다. 최근에 목회 분야에서 국제적으로 알려진 지도자들은 그 부흥이 어떤 특정한 달에 어떤 특정한 나라에서 시작될 것이며, 그러한 모든 일들이 준비되어 있을 것이라고 예언하였다. 그 달이 지나갔지만, 아무런 일도 일어나지 않았으며 부흥 집회는 깨졌다. 지도자들은 자신들의 오류를 인정하는 대신에 얼버무려 버렸다. 그들은 다음과 같이 말했다. "부흥이 일어나지 않은 것처럼 보일지라도 그것은 실제로 일어난 것이다. 부흥은 영적으로 새롭게 함으로서 몇 명의 중요한 사람들에게 내적으로 시작되었다. 완전한 부흥은 나중에 일어날 것이다."

이것은 교회가 가지고 있는 부흥에 대한 정의를 바꾸고 왜곡시키는 것이며, 상징을 보호하기 위하여 문제를 덮어 버리는 것이었다. 그것은 다음과 같이 말하는 것과 꼭 같다. "누구든지 성전으로 맹세하면 아무 일도 없거니와 성전의 금으로 맹세하면 지킬지라" 그러한 도피적인 이중 언어는 상징을 보호하기 위하여 진실을 가리는 것이다.

어떤 일의 진실은 민감한 사람들에게는 언제나 스스로 드러나게 되어 있다. 그러나 그 진실이 개인이나 혹은 학대하는 지도자들의 조직적인 의견과 갈등을 겪는다면, 그들은 종종 그것을 덮어 버리기 위하여 말한다. 영적인 지도자들은 부여받은 권위 때문만이 아니라, 또한 그들 대부분이 의사 소통에 능숙하기 때문에 진실을 가리는 힘을 소유하고 있다. 우리가 의사 소통에 능숙한 성직자를 원하고, 우리는 그 기술을 위하여 보수를 준다. 그러나 어떤 사람 자신을 방어하고자 할 때에 가치 있는 기술이 학대의 도구가 될 수 있다. 한 나의 친구가 다음과 같이 정확하게 말했다. "마이크를 쥐고 있는 사람은 말을 하기 위하여 그것을 가지고 있는 것이다." 좋은 의사 소통의 기술과 연설의 권위와의 결합은 사람을 믿고 따르게 하는 설득력을 가지고 있다.

그랜드마 소피는 언제가 조숙한 그녀의 손자 알렌에게 다음과 같이 말했다. "네가 멋쟁이가 되면 될수록 옳지 않은 일을 하는 것에 대한 네 이유는 더 정당화될 것이다."[8] 의사 전달자로서 우리가 더 멋쟁이가 되면, 잘못을 저지르고 그것을 옳은 것처럼 보이게 하는 것은 더 쉬워질 것이다.

### 종의 야망

나는 자신들의 헌신을 과시하고, 자신들의 지위를 조장하고, 자신들이 힘이 있는 체하는 사람은 근본적으로 불완전하다는 것을 나타내고 있다는 것이 나의 굳은 믿음이다. 확신이 있는 사람은 남에게 잘 보일 필요도 없고, 자신을 증진시키거나 혹은 방어하기 위하여 교활하거나 도피적인 말을 할 필요가 없다. 그러므로 예수님께서 "너희 중에 큰 자는 너희를 섬기는 자가 되어야 하리라"(마 23:11)고 말씀하실 때, 우리에게 굴욕적인 자기 겸손이나 자기 비하를 요구하고 있는 것이 아니다. 예수님은 단순히 하나님께서 인정하시는 지도자들이 어떤 사람이어야 하고 또 어떻게 행동해야 하는가를 확증하는 설명을 하고 있는 것이다.

건강한 지도자는 높은 자존감과 큰 꿈을 가지고 있을 것이다. 그러나 그러한 지도자는 섬김으로써 위대해지고 더 큰 기회를 찾는 것으로 야망을 나타낼 것이다. 심지어 우리 모두를 섬기려는 예수님의 야망 즉 모든 사람의 가장 큰 종이 되려는 야망은 자신이 누구인가에 대한 조용한 확신에 기초하고 있었다.

> 저녁 먹는 중 예수는 아버지께서 모든 것을 자기 손에 맡기신 것과 또 자기가 하나님께로부터 오셨다가 하나님께로 돌아가실 것을 아시고 저녁 잡수시던 자리에서 일어나 겉옷을 벗고 수건을 가져다가

허리에 두르시고 이에 대야에 물을 담아 제자들의 발을 씻기시고 그 두르신 수건으로 씻기기를 시작하셨다"(요 13:3~5).

만일 우리가 예수님처럼 되려 한다면, 우리는 야망을 가져야 하고 우리는 성공할 것이다. 그러나 우리의 성공은 우리가 얼마나 많은 사람들을 통제했느냐에 의해서가 아니라 얼마나 많이 공개적으로 정직하게 섬겼느냐에 의하여 평가될 것이다. 우리가 상좌에 앉아 있는 동안에는 다른 사람의 발을 씻을 수가 없다.

종교에 대한 진정한 시험은,
그 종교가 어떤 사람을 끌어올려주는 날개를 만들어 주었는가
혹은 그 사람을 죽음으로 끌어내렸는가? 그의 종교가 그에게 도움을
주었는가 혹은 그가 괴롭힘을 당했는가? 그 종교가 그를 지고 갔는가
아니면 그가 종교를 지고 갔는가? 에 달려 있다…
바리새인들은 하나님의 뜻을 행하는 것이 수천 가지의
사소한 율법들과 규범들을 지키는 것이라고 믿었으며,
이러한 것을 지키지 않는 것은 하나님의 나라와 하나님의
기본적인 생각과 사랑으로부터 멀어지게 할 수 있다고 믿었다.
— 윌리엄 바클레이

화 있을진저 외식하는 서기관들과 바리새인들이여
너희는 천국 문을 사람들 앞에서 닫고 너희도 들어가지 않고
들어가려 하는 자도 들어가지 못하게 하는 도다…
화 있을진저 외식하는 서기관들과 바리새인들이여
너희가 박하와 회향과 근채의 십일조를 드리되
율법의 더 좋은 바 의와 인과 신은 버렸도다
그러나 이것도 행하고 저것도 버리지 말아야 할지니라
소경된 인도자여 하루살이는 걸러 내고 약대는 삼키는도다.
— 예수 그리스도

# 6
## 부제를 주제로, 요점 빼먹기

**어떤** 젊은 목회자가 최근에 내가 출석하고 있는 교회를 섬기기 위해서 왔다. 그는 결혼을 해서 세 자녀를 두었다. 교회가 위치한 도시에서 생활할 때에 얼마나 많은 생활비가 드는지 몰라서 그는 아무 질문도 하지 않고 교회가 제안하는 보수를 받아들였다. 아내와 자녀들과 그 도시에서 생활하면서 그는 자신이 동의한 봉급이 전혀 합당치 않다는 것을 알게 되었다. 그래서 교회의 재정 위원회에서 그의 가족의 재정적 필요에 관한 문제를 저녁에 있을 회의의 의제로 채택해 줄 것을 의장에게 요청하였다. 저녁 기도회 후 의장은 첫 번째 의제로 그 목회자의 관심사를 소개하였다.

그 젊은 목회자가 자신의 가족이 최근의 보수를 가지고 살기가 얼마나 힘든가를 설명하고 나자, 재정 위원회 의장은 재빨리 이 중요한 문제를 아홉 달 후에나 있을 교회 예산 문제로 넘겼다. 그러한 움직임은 아무런 의논없이 되어졌기 때문에, 목회자의 보수에 관한 문제는 다루어지지 않았고, 회의는 계속되었다. 도움을 받으려던 젊은 목회자의 요구에 대한 토의는 단 6분만에 끝나 버렸던 것이다.

그 회의의 다음 의제는 두 시간 반이나 걸려 토의되었다. 그 의제는 교회 건물을 위한 새로운 안전 설비에 관한 것이었다. 교회에는 값비싼 사무 기기들(실은 복사기였다)이 있었는데, 위원회의 위원들은 현재의 안전 설비로는 그러한 사무기기들이 안전하지 않다고 생각하고 있었다. 그래서 위원회의 의장은 안전 설비를 보강하기 위해 수천 달러를 지출할 것을 제안하였다. 예산은 책정되었고, 즉시 작업 스케줄이 잡혔다.

이 회의에서 젊은 목회자와 그의 가족은 망신을 당했고 하찮은 사람처럼 취급당했다. 그들은 결국 교회를 떠났다. 그러나 교회의 복사기는 안전하였다.

이렇게 정의를 우스꽝스럽게 만드는 것은 일차적인 것을 이차적인 것으로 만드는 전형적인 예이다. 존슨과 반본더렌(Johnson & Vonderen)에 의하면, "영적으로 학대하는 체계에서는 세속적인 것이 본질적인 것으로 되고 사람들의 평범하고 진정한 필요는 의사 일정을 위하여 경시된다."[1]

이 이야기는 또한 영적 학대가 언제나 전문적인 성직자에 의해서만 가해지는 것이 아니며, 또한 학대의 희생자 역시 평신도만이 아니라는 것을 나타내 주고 있다. 영적 학대는 힘을 누가 가지고 있느냐에 따라 그 반대로 일어날 수도 있다. 대부분의 교회에서는 소위 성직자가 힘을 가지고 있다. 그러나 몇몇 '회중 교회' 혹은 평신도 중심의 교회에서는 소위 평신도가 힘을 가지고 있다. 후자의 경우 그들은 고용된 목회자를 학대할 수 있는 잠재성을 가지고 있다.

## 중요한 문제를 소홀히 함

예수님 당시에 영적 힘을 가진 집단은 바리새인들이었다. 이 그룹의 특징은 하찮은 것에 대한 열심과 중요한 의의 문제에 대한 무지였다. 예수님께서 이러한 성직의 요점을 상실한 자들과 직면하셨을 때, "박하와 회향과 근채의 십일조를 드리되 율법의 더 중한 바 의와 인과 신은 버렸도다"(마 23:23)라고 말씀하셨다.

십일조, 혹은 십분의 일을 드리는 것은 마땅히 해야 할 정당한 일(나는 지금도 이렇게 믿고 있다)이었다. 예수님은 바리새인들이 마땅히 그것을 계속해야 한다고 말씀하고 있다. 사실, 하나님은 십일조를 요구하셨고(레 27:30~33) 그리고 축복하셨다(말 3:6~12). 그럼에도 불구하고 의와 자비가 성경의 거의 모든 페이지에서 강조되고 있는 반면, 십일조는 상대적으로 이차적인 문제로 나타난다.

고대와 현대의 바리새인들은 한편으로는 이차적인 종교 문제를 강조하면서, 다른 한편으로는 아내들과 자녀들을 무정하게 다루고, 가난한 자들에 대해 무관심하며, 사회적으로 소외된 자들을 용납하지 않음으로써 자신들의 직무를 교묘하게 피할 수 있는 것이다. 그들은 한편으로는 맹세하고 또 그 맹세를 깨뜨리면서 다른 한편으로는 율법의 이차적인 문제에 집착하곤 한다. 고대 바리새주의를 현대적인 의미에서 본다면, 사람들은 교회에 갈 때에 좋은 옷을 입고, 헌금을 하고, 신실하게 기도를 하고, 성경에 숙달한 반면에 진정으로 하나님 나라의 중요한 문제를 소홀히 할 수 있다.

교회에서 모이는 어떤 모임에도 빠뜨리지 않고 참석하는 여신도들이 많이 있다. 이들은 끊임없이 교회 학교에서 가르치고, 모든 모임에 봉사를 한다. 그러나 남편들은 종종 이러한 '헌신적인' 여신도들에게 거절된 느낌을 받고, 그러한 자녀들은 밤에도 혼자 외롭게 지내야만 한다.

이차적인 것을 일차적인 것으로 만들며, 요점을 빠뜨리고 있다.

## 하루살이를 걸러 냄

영적으로 학대하는 지도자들과 체계들은 영적 가치를 뒤바꾸어 버리는 특징이 있다. 비타협적인 태도들은 영적으로 중요하지 않은 문제로 취급되기도 하며, 가장 중요한 문제들은 과소 평가되기도 한다. 또는 예수님께서 회화적으로 설명해 주신 바대로, "하루살이는 걸러 내고 약대는 삼킨다"(마 23:24).

양심적인 유대인들에게 있어서 하루살이와 약대는 모두 정결한 것이 아니기 때문에 먹어서는 안되는 것이었다(레 11:4, 42). 포도주를 마실 때 하루살이를 삼키지 않기 위하여 바리새인들은 모슬린 천으로 걸러 마셨다. 모슬린 천이 없을 때에는 이빨을 통하여 걸러 마시고 나서 이빨 사이에 걸린 하루살이들을 손가락으로 제거하였다. 그러나 예수님은 바리새인이 아주 작은 불순물로부터 자신을 보호하기 위해 조심하는 반면에, 더러운 것 전체(약대 전체)를 삼키면서 그것을 전혀 알지 못한다고 말씀하신다. 이것은 균형 감각을 잃었으며 영적 가치가 완전히 전도된 지도자에 대한 예수님의 생생한 묘사이다.

얼마 전에 가까운 도시에서 내가 지도하는 한 회합에 참여하려고 내가 살고 있는 도시의 목사들과 함께 갔다. 회합이 끝난 후 우리는 주최 교회의 목사와 함께 저녁 식사를 하러 나갔다. 그 목사가 포도주와 식사를 주문했을 때, 나는 기꺼이 두 잔을 마셨다. 그런데 그러한 나의 모습을 본 함께 왔던 목사들 중의 한 사람이 돌아가서 내가 술 마시는데 문제가 있다고 떠들고 다녔다. 몇 달 후에 그 일은 끝이 났는데, 그 목사가 3년 동안이나 그 아내를 속이고 바람을 피웠다는 것이 드러났기 때문이었다.

하루살이는 걸러 내고 약대는 삼키는 격이었다.

내가 아는 어느 목사는 시무하고 있는 교회의 예배에 참여할 때에 무슨 옷을 입을 것인가에 대하여 너무나 사소한 부분까지 강요한다는 평판을 듣고 있다. 성가대 가운은 매주 다림질을 해야만 하고, 성찬식에 배종하는 사람들은 검은 양복과 검은 넥타이를 매야 하고, 초청 받은 설교가들은 흰 셔츠에 검은 넥타이 그리고 검은 가운을 입어야만 했다. 이 사람은 동성연애로 에이즈에 감염되었다.

또다른 목사는 개인적인 편지를 보낼 때 절대로 교회의 봉투나 인지를 사용하지 않는다. 그는 이것이 적어도 세 가지 이유 때문이라고 설명하였다. 이 사람은 나중에 그의 사무실과 예배실 사이에 있던 헌금함에서 돈을 훔친 관계로 파면을 당했다.

이것은 더 큰 하루살이요 약대이다.

바리새인들이 제기한 예수님과의 갈등은 언제나 이차적인 문제들이었다. 바리새인들은 금식(막 2:18), 안식일 준수(마 2:24), 손을 씻지 않고 식사한 것(막 7:1~5), 죄인들과의 식사(마 9:11), 세금에 대한 태도(막 12:13~15) 등과 같은 문제들을 가지고 예수님과 논쟁을 하였다.

그들은 예수님과 논쟁할 때에 이차적인 것을 일차적인 것으로 만들었다. 우리가 살펴본 바와 같이 그들은 종교적으로 사소하고 세세한 문제들에 열정을 가지고 있었기 때문이었다. 이와는 반대로 예수님은 하나님의 나라와 어떻게 하나님의 나라가 진정으로 살아 있는 사람들에게 유익이 될 것인가에 대한 열정을 가지고 계셨다.

바리새인들은 예수님께서 계속해서 안식일에 병든 사람들을 고쳐 주신 것에 대하여 흥분하였다. 전통적인 안식일 준수에 대한 구약 성경 구절들이 그들의 관심사를 뒷받침해 주었다. 그러나 예수님은 안식일 준수를 사람의 즉각적인 필요와 비교하여 이차적인 문제로 취급하셨다. 예수님의 행동을 뒷받침해 주는 특정한 성경 구절이 없는 가운데, 예수님은 거룩한 날에 병든 자와 귀신들린 자를 치료해 주셨다.

목회의 초점이 목회적 필요에서 종교 의식과 프로그램과 예산으로 옮겨가면, 그것은 잠재적으로 학대의 형태로 변하게 된다. 언제나 예수님의 가장 중요한 관심사는 현재 여기에 있는 사람과 그들의 진정한 필요이다. 예수님에게 있어서 종교적 정확함은 언제나 이차적인 문제이다.

바리새인들은 영적으로 하찮은 일들 때문에 안달을 한다. 그들은 하찮은 종교적인 짐들을 스스로 짊어지고 다른 사람들에게도 지운다. 그와는 반대로 예수님의 '종교적 가르침'은 오직 가장 일반적인 언어로 주어진다. 예수님은 우리에게 모세나 부처 혹은 모하메드가 남긴 것과 같은 종교 행위에 대한 조직적인 법전을 주지 않으셨다.

더 나아가, 예수님은 사회 도덕에 대해서도 거의 말씀하시지 않는다. 예수님은 사실상 정치, 이성과의 관계 그리고 국가간의 관계에 대해서도 말씀하시지 않는다. 이러한 문제들에 대한 예수님의 침묵은 우리에게 자유와 그 이상의 여지를 허락한다. 바리새인들과 달리 예수님은 그를 따르는 사람들을 위한 경직된 종교적 사회적 규범들을 세우는 것에 관심을 기울이지 않으신다. 예수님은 그보다는 하나님 나라의 중요한 문제들을 가장 중요한 일차적인 것으로 선택하신다.

## 천국의 문

예수님은 바리새인들과의 갈등을 일으키셨을 때, 당연히 가장 중요한 문제에 초점을 맞추셨다. 마태복음 23장 13절에서 예수님은 순전히 사람들을 하나님으로부터 격리시키는 것에 대하여 바리새인들을 책망하셨다. "화 있을진저 외식하는 서기관들과 바리새인들이여. 너희는 천국 문을 사람들 앞에서 닫고 너희도 들어가지 않고 들어가려하는 자도 들어가지 못하게 하는도다." 예수님은 중요한 것을 중요하게 여기셨고, 곧장 요점을 향하여 나가셨다.

바리새인들에 대한 이러한 책망은 중대한 것이다. 왜냐하면, 다른 어느 것보다 얼마나 자신들의 종교적 열정에서 하나님의 목적을 빠뜨리고 있는가를 완전하게 보여주고 있기 때문이다. 만일 그것이 현대 교회의 어떤 지도자에게 적용된다면, 그것은 그 지도자가 전략적으로 다른 사람들에게 하나님을 빠뜨리고 하나님을 부정하였다는 것을 의미한다는 점에서 중대한 책망이다. 나는 이보다 더 심각한 책망을 생각할 수 없다.

바리새인들이 어떻게 사람들의 면전에서 천국의 문을 닫았는가? 무엇보다도 예수님께서는 이러한 '문을 닫는 자들'을 외식하는 자들이라고 부르고 계시는 반면에, 우리는 그들이 고의로 외식하였다고 생각하려 들지 않는다. 아마도 그들 가운데는 어떤 협잡꾼들과 신용 사기의 명수가 있었던 것 같다. 그런데, 이러한 사람들은 모든 종교 집단 안에 항상 존재한다. 그러나 전체적으로 보면, 바리새인들은 모든 시대의 엘리트주의자들과 같았다. 그들은 진심으로 어느 누구 보다 하나님께 봉사하고 가르침을 준수하고 있다고 생각했다. 그러나 예수님은 그들을 적대시하고 그들의 실제 행위들을 책망하셨다.

이러한 지도자들이 추종자들을 하나님의 나라로부터 격리시킨 가장 분명한 방법은 왕을 대적하여 돌아서게 하는 것이었다. "예수님으로부터 이스라엘을 돌아서게 하여 결국 예수 그리스도에 의해 열려진 하나님의 나라로부터 이스라엘을 돌아서게 한 것이 바리새인 지도자들이었다"[2] 이것은 성령을 거스르는 용서받지 못할 죄이다(마

12:22~32).

바리새인들은 예수님과 그의 새로운 공동체가 동일시되기를 원치 않았다. 그들은 예수님께 관심을 가지고 있는 사람들을 방해하려는데 열심을 다하였다. 문지기(누가 하나님의 공동체에 들어가고 들어갈 수 없는가를 통제하는 자)로서의 자신들의 지위를 지키기를 원했기 때문에 바리새인들은 당연히 스스로 새로운 문지기임을 선포하셨던 예수님을 거절하였다. "내가 진실로 너희에게 이르노니 나는 양의 문이라" (요 10:7). 예수님은 문지기로서의 바리새인들을 대신하려는 것뿐만이 아니라 문에 대한 그들의 전통적인 이해도 완전하게 고쳐 주려고 하셨다. 들어오기를 원하는 사람은 누구든지, 특히 죄인들은 환영을 받았다(막 2:17).

누가복음 17장 20~21절에서 바리새인들은 예수님께 하나님의 나라가 언제 올 것인지 묻는다. 예수님은 "하나님의 나라는 너희 안에 있다"고 대답하신다. 모든 경건한 유대인들이 고대하던 하나님의 나라는 이미 그들 가운데 그리고 그들 모두에게 열려져 있었지만, 그들은 왕을 거절함으로써 하나님의 나라를 놓치고 있었다. 이차적인 것을 일차적인 것으로 만들고, 가장 중요한 요점을 놓쳤던 것이다.

이러한 비극이 혼합되어서 그들은 다른 사람들 또한 놓치고 있다는 것을 알기가 어려웠다. 마태복음 23장 13절 이하의 병행 구절인 누가복음 11장 52절은 이것을 더욱 분명하게 나타낸다. "화 있을진저 너희 율법사여 너희가 지식의 열쇠를 가져가고 너희도 들어가지 않고 또 들어가고자 하는 자도 막았느니라" 그러나 하나님의 은혜로 그들은 전혀 성공하지 못했다. 다른 곳에서 예수님은 바리새인들에게 다음과 같이 말씀하셨다. "내가 진실로 너희에게 이르노니 세리들과 창기들이 너희보다 먼저 하나님의 나라에 들어가리라" (마 21:31).

조지 엘든 래드(Geroge Eldon Ladd)에 의하면, "하나님의 나라는 메시아의 구원에 포함된 모든 사람들을 위한 포괄적인 용어이다"[3] 이 '메시아의 구원'은 죄의 용서와 하나님과의 동행, 치유, 해방과 사회 정의 등의 모든 것이 포함된 것이다. 그리스도의 메시아적 구원을 부정하는 것은 정도가 어떻든 하나님 나라의 문을 닫는 것이다.[4]

바리새인들이 스스로와 다른 사람들에게 하나님 나라의 문을 닫는 두 번째 분명한 방법은 하나님의 율법에 대한 곡해와 잘못 전하는 것이었다. 그들은 율법을 타락한 세상(이것이 구약 성경 본연의 견해였다)에 살고 있는 타락한 사람들에게 주는 하나님의 해방의 선물로서 가르치는 대신에, 사람들에게 율법의 짐을 지웠다. 그들은 율법을 형식에 구애된 사소한 것으로 해석하고 가르쳤다. 그래서 진정한 하나님의 나라를 가렸다.

바리새인들이 사람들의 면전에서 하나님의 나라를 닫아 버린 세 번째 방법은(이것은 아주 폭넓게 현대 교회에 적용되었다) 어떤 대가를 요구하는 것이다. 그러나, 이와는 반대로 주 예수 그리스도를 통하여 우리의 삶 속에 열려진 하나님의 나라는 우리에게 자유를 제공한다. 구원에 관해서 보면, 하나님은 엄밀히 말해서 그의 자비와 은혜의 기초 위에서 우리를 다루고 계신다. 하나님은 우리에게 어떤 다른 대가를 거절하신다. 하나님께 대한 완전한 복종과 십자가에서의 희생적인 죽으심을 겪으신 예수님이 우리가 하나님의 나라에 들어가는 것과 계속해서 그 안에서 잘 지내도록 확증해 주신다. 우리는 그리스도 안에서 자유롭게 하나님의 모든 축복을 받아들일 수 있다. 그 외에 전혀 다른 방법이 없다.

바리새인들은 (지금이나 과거에나) 하나님 앞에서의 선행을 통하여 완전해지려고 했기 때문에 구원을 얻지 못했다. 그들이 다른 사람들에게도 선행으로 구원을 얻는다고 납득시키려 한다면, 다른 사람들에 대한 구원도 부정하는 것이다. "너희는 교인 하나를 얻기 위하여 바다와

육지를 두루 다니다가 생기면 너희보다 배나 더 지옥 자식이 되게 하는도다"(마 23:15). 이러한 학대하는 목회자들은 '눈멀고 어리석은 인도자들'이며, 믿고 따를 만한 사람들이 아니다. 이차적인 것을 일차적인 것으로 만들고 중요한 요점을 놓치는 것은 지도자들은 물론 추종자들에게도 치명적인 것이 될 수 있다.

### 학대에 대한 반응

이것은 결국 우리에게 가장 힘들고 논쟁적인 문제를 가져다준다. 우리가 눈멀고 어리석은 인도자들의 '돌봄' 아래 있다는 생각을 하게 될 때, 어떻게 해야만 하는가? 이 질문에 대한 대답은 언제나 단순하지가 않다. 판단의 미숙함 때문에 제한을 받거나 혹은 과거의 상처에 의하여 비뚤어져 있는 사람일 경우에는 너무 성급하게 그 상황에서 떠날 수 있다. 또다른 경우, 잘못된 충성심이나 하나님의 축복을 잃을까봐 두려워하는 사람일 경우에는 반드시 떠나야 할 학대적인 상황임에도 불구하고 거기에 그대로 머물러 있을 것이다. 이러한 두 가지 극단적인 오류 사이에 통찰력과 옳은 판단의 길이 있다.

첫 번째의 경우, 어떤 사람이 목회자가 실제적으로 학대를 하고 있다고 믿는다면, 그렇게 믿고 있는 교인은 목회자를 찾아가 직접 대면해야 한다고 마태복음 18장은 말하고 있다. 교회 징계의 과정은 가능하다면 반드시 그 절차가 준수되어야만 한다. 우리는 이 문제에 대해서 제10장에서 '건강한 교회의 징계'라는 주제로 공부할 것이다.

영적 학대에 대한 합법적인 반응의 하나는 잠시 그 상황에 남아 있는 것이 될 것이다. 어떤 독립적이고 성숙한 신자들은 그대로 머물러 기도하고 목회자의 회개와 새로운 발전을 기다리라는 소명을 받게 될 것이다. 어떤 사람들은 교회를 파괴하는 눈먼 인도를 허용하는 교회에 너무 많은 시간을 투자하는 것으로 느낄 것이다.

어떤 친구가 최근에 학대하는 목회자 밑에서 교인이 여덟 명으로 줄어든 교회에 대하여 말해 주었다. 그 교회에 남은 두 사람은 남편과 아내였는데, 그들은 목사와 교회의 새롭게 됨을 위하여 계속해서 그 교회에 머물러 기도하였다. 결국 교단에서 교회의 문을 닫기 위한 절차를 밟기 시작했을 때, 그 목회자는 '성령의 체험'을 하게 되었다. 이 경험이 급진적으로 그의 목회 방법에 변화를 주었으며 물론 그것은 교회에 영향을 주었다. 그 교회는 곧 양과 질에서 성장을 하기 시작하였다. 현재 그 교회는 소속 교단에서 선구자적인 위치에 서 있다. 남아 있던 부부는 진정한 영적 소명을 받았던 것이며, 그 소명은 유효하였다.

우리는 또한 학대의 정도를 나타내는 수직선상의 모든 학대와 영적 상태를 고려해 보아야만 한다. 나는 모든 교회들(그리고 이러한 문제라면, 모든 사람들)이 어느 정도는 학대의 측면을 가지고 있다고 생각한다. 우리의 모든 제도들은 타락하고 죄를 진 사람들에 의하여 만들어졌다. 학대는 수동적인 게으름 혹은 능동적인 조종에 의하여 올 수 있다. 그러나 우리는 서로를 완전한 사랑으로 대하지 못하고 있다. 학대를 평가하고 그것에 대하여 무엇을 해야 하는가를 결정하려면 우리는 학대의 상태가 어느 정도인지를 식별해야 할 필요가 있다. 어떤 중요치 않은 학대들에 대해서는 우리는 전체적으로 대충 훑어보아야만 하고, 어떤 것은 직면하고 용서할 필요가 있으며, 어떤 것에 대해서는 피해야만 한다.

어떤 친구가 말을 가로채서 나를 당혹하게 할 경우에, 특히 그것이 그의 특성이 아니라면 나는 아마도 그것을 무시해 버려야만 할 것이다. 나는 중요치 않은 것을 중요한 것으로 만들어서는 안된다. 학대의 정도를 나타내는 수직선으로 옮겨가서 내가 아이들에게 소리를 지르고 아내에게 소홀하다고 하자. 이러한 경우 아내와 아이들은 내게 그것을 깨우쳐 주어야 하고, 나는 회개해야만 한다. 학대의 정도를 나타내는 수직선의 맨 꼭대기로 올라가서, 어떤 사람이 아주 조직적으로 아내를 때리고 십대의 딸을 강간한다고 하자. 이러한 경우 아내와 딸 모두는 반드시 나와서 이러한 범죄 행위를 경찰에게 알려야만 한다.

어떤 태만과 무례함이 학대로 불려져서는 결코 안된다. 그 용어는 너무 무거운 짐이다. 그것은 이차적인 것을 일차적인 것으로 만드는 것이다. 어떤 사람이 "내가 크게 잘못하지 않았는데도 우리 아버지는 학대한다. 엉덩이를 때렸기 때문에 우리 아버지는 학대한 것이다"고 말한다면, 학대라는 용어는 모든 의미를 잃게 된다.

교회에서 학대를 식별하고 평가함에 있어서 완전주의자의 용어로 생각해서는 안된다. 어떤 해에는 목회자가 회중들에게 교회 예산을 달성하도록 약간의 압력을 가할 수도 있다. 이것은 불안정 혹은 믿음의 부족을 나타내는 것일 것이다. 그러나 그것을 영적 학대라고 부르는 것은 진실의 가치를 떨어뜨리는 것이다. 만일 불안정에 의하여 저질러지는 모든 죄가 학대라면, 아무것도 존재할 수 없다. 그러므로 학대의 정도를 나타내는 수직선의 아래쪽에 있는 어떤 중요치 않은 조종이나 무례함에 대해서는 기도하고 용서해야만 한다.

한 단계 위로 올라가서, 우리는 중요한 위선에 대해서는 조치를 취하고 서로 직면해야만 한다. 우리 모두는 집에 있든지 교회에 있든지 언제나 '우리의 말대로 나아가서는' 안된다. 우리는 각각 우리 자신의 모순을 합리화시키는 놀라운 능력을 가지고 있기 때문에 그것들을 우리에게 지적할 필요가 있다. 목사로서 나는 다음과 같이 말할 수 있다. "하나님은 특별히 이 교회를 선호하시거나 좋아하지 않는다. 우리는 모두 그리스도 안에서 동등하게 용납됩니다" 그러면서도 나는 교회를 섬기는데 효과적이거나 내 맘에 드는 사람들을 좋아할 수 있다. 이러한 일이 있을 때, 어떤 사람은 나에게 그것을 호소할 필요가 있으며, 그러할 때 나는 회개해야만 한다.

한 차원 더 올려서, 우리는 "두드러지게 정도에서 벗어난 교회 조직들"(Significantly Aberrant Christian Organizations; SACOs라 표기한다)이 된 교회들을 발견한다. 이러한 그룹들, 교회들 그리고 선교 단체들은 기독교의 주요 교리들을 고집하지만, 실제로는 거의 전적으로 구성원들의 결정이나 행동들을 통제한다. 론 엔로쓰는 그의 책「학대하는 교회들」(*Churches That Abuse*)이라는 책에서 그러한 그룹들에 대한 사례 연구들을 보여주고 있다. 자신들이 SACOs에 속해 있다는 것을 발견한 사람들은 아마도 거기에서 도망쳐 나와야만 할 것이다. 그러한 그룹들은 항상 비판에 대한 방비가 잘 되어 있어서, 비판받은 사실을 완전하게 부정한다. 그러므로 그들에게 대항하려는 시도는 대항자에게 더 해로울 뿐이다.

결론적으로, 나는 만일 학대가 중요하지 않고 사소한 것이라면, 우리는 그것을 무시해 버려야만 한다고 말하고 싶다. 만일 그 학대가 조직적이며 계속되고, 무자비하고, 잘 방어된 것이라면, 우리는 아마도 거기에서 떠나야 할 필요가 있을 것이다.

영적 학대는 종종 흑백이 분명하게 드러나지 않는다. 그것은 언제나 학대의 수직선상에서 보면 회색(중간)으로 보이며, 그것을 평가하는 것은 언제나 쉽지 않다. 만일 우리가 이상주의적으로 완전하게 비학대적인 목회자와 교회를 찾는다면, 우리는 여기 저기를 떠돌게 될 것이며, 절대로 안식처를 발견하지 못할 것이다. 이차적인 것을 일차적인 것으로 만드는 것은 지도자들에게 뿐만이 아니라 추종자들에게도 역시 위험스러운 것이다.

때때로 학대적인 사람이 비학대적인 교회에서 권력의 자리를 차지한다. 만일 그러한 사람에 의하여 상처를 입었다면, 우리는 그것 때문에 전체 그룹을 기소할 필요는 없다. 그 반면에 좋은 지도자들은 아직 변화를 위한 시간을 갖지 못한 근본적으로 학대적인 교회 체계를 물려받게 될 것이다. 그러한 지도자들은 우리의 지원을 기대한다. 만일 우리가 그러한 상황적인 문제들을 참작하지 않는다면, 우리는 지도자들에게 참을 수 없는 요구를 하는 일종의 완벽주의 속에 우리 스스로를 가두게 될 것이다. 그들에게 자비와 은혜를 베풀지 않는다면 우리가 영적학대라는 교회의 짐을 지게 된다.

## 왜 떠나는 것이 어려운가

교회와 선교 현장에서의 20여 년간의 지도자 활동에서 내가 본 것은, 대부분의 사람들이 교회의 학대를 속히 벗어날 문제로 여기지 않고 너무 오래 머물러 있는 실수였다. 우리는 "누가 왜 학대의 함정에 빠지는가"라는 제목의 다음 장에서 이 문제를 생각해 볼 것이다. 그러나 지금은 종종 판단하고 벗어나기 어려운 교묘하고 역설적인 학대의 특성에 대해서 잠시 설명하려고 한다.

먼저, 학대하는 영적 지도자들은 한 가지 혹은 여러 가지 면에서 매력적이기 때문에 추종자들을 얻는다. 그들의 매력은 하나님의 역사하심에 대한 진실한 헌신과 성숙한 제자로 훈련받고자 하는 거짓 없는 욕구 때문일 것이다. 그들에게는 사람들을 불구로 만들려는 의도는 전혀 없을 것이다. 나는 두드러지게 학대적이라고 생각되는 몇 명의 목회자들을 알고 있다. 나는 그들이 고의적으로 학대하는 사람들은 아니라는 것을 알고 있다. 그들이 목회하고 있는 교회의 교인들은 주님의 일에 대한 그들의 신실성을 알고 있으며, 그들을 계속해서 지원하고 있다. 그러한 것이 결국 계속해서 학대의 상황에 빠져 있게 만든다.

그러나, 우리는 지도자의 동기가 선하다고 해서 목회자들이 계속하여 사람들에게 상처를 주도록 허락해서는 안된다는 것을 분명히 알아야 한다. 무엇보다도 예수님께서 반대하신 바리새인들 또한 하나님에 대하여 매우 진실하였다. 그들은 하나님과 말씀을 사랑하였다. 하나님을 경외하였다. 그들은 자신들이 진실하게 믿고 있는 것을 다른 사람들에게 가르침으로써 하나님을 기쁘시게 하고 있다고 생각하였다. 그러나 사람은 가학적인 범죄자에 당하듯이 좋은 의도를 가진 아버지에 의해서도 억압받을 수 있다.

미국의 서부 연안 도시에는 마약과 알콜 중독자들과 매춘부(남성과 여성)들을 대상으로 하는 노방 봉사 활동이 있다. 노방 봉사 단원들이 전하는 복음은 전통적으로 복음적인 것이다. 그들을 통해 회심한 사람들은 계속해서 영적 상담과 임시 주택과 일자리와 같은 실제적인 도움을 받는다. 이것은 모든 면에서 좋게 보인다. 그러나 이 봉사 활동으로부터 도움을 받으려는 사람들은 누구나 엄청난 대가를 지불해야만 한다. 이 단체로부터 지원을 받기 위해서는 어떤 사람이든지 양심과 개인적인 의사 결정의 자유를 포기해야만 한다. 그 봉사 단체의 지도자들은 추종자들의 생활을 거의 전적으로 통제한다. 그들은 추종자들에게 무엇을 생각하고 말해야 하는지, 어떤 옷을 입어야 하는지, 누구와 결혼을 하고 어디서 살아야 하는지를 일일이 지시한다.

그 지도자들은 자신들의 '억압적인 권위주의'에 대하여 질문을 받게 되면, 자신들은 오직 사랑이 요구하는 대로 행할 뿐이라고 설명한다. 그들은 "거리의 사람들은 자기 훈련이 되어 있지 않기 때문에 그들에게는 강압적인 규율이 필요하다"고 말한다. 그들은 우리 사회에서 가장 문제가 되는 사람들 가운데서 일하고 있기 때문에 인정 많은 사람들로 보일 것이다. 그러나 그들은 거리의 사람들을 영원히 의존적인 사람들로 만듦으로써 자신들의 희생자로 만들고 있다고 말할 수 있다.

그러한 선한 뜻의 학대자들은 반드시 대면해서 그러한 행위를 그만 두게 해야 한다. 그러나, 우리는 그들이 행하고 있는 행위가 해롭다는 것을 알지 못하거나 혹은 인정하지 않을 것이라는 예상을 해야만 한다. 이러한 지도자들에게는 묘한 순진함이 있다. 그들은 어떤 의식적인 목적을 갖지 않고 학대 행동을 자행한다. 그들은 언제나 사람들에게 상처 주기를 원치 않는다. 아이로니컬하게도 그들이 하기를 원하는 것은 겉보기에는 좋은 것들, 곧 복음 전도, 교회의 임무에 대한 헌신, 권위에 대한 존경, 교회 성장, 성숙한 제자도, 교회 재정의 균형 등이다. 그들은 이러한 선한 목표를 추구하는 가운데 학대자가 될 수 있다는 것을 알지 못한다. 만일 그들이 학대에 대하여 어떤 변명을 한다면, 그것은 종종 의미가 축소될 것이다. 그들은 말할 것이다. "무엇보다도 나는 하나님의 나라를 먼저 구했다." 그러나 그들은 실제적으로는 하나님 나라의 문을 닫고 있다는 것을 인식하지 못한다.

교회의 학대가 안고 있는 역설은 종종 제도적인 차원에서 나타난다. 어떤 기독교 기관은 구성원들이 영적으로 황폐화되어 있는데도 성경적인 목표를 내세운다. '사회 봉사 단체' 혹은 '해외 선교를 위한 지원'에 대한 제도적인 구속은 그러한 구속이 계속해서 유지되도록 만들고자 사람들을 나약하게 하며 인간성을 상실케 한다. 기름이 잘 쳐진 기계처럼 그러한 기관은 매년 돌아갈 것이다. 그 목표가 옳기 때문에 대부분의 사람들(특히 그 기관의 희생자들)은 비판할 문제점을 찾기가 어렵다. 사람들에게 상처를 주는 것이 분명함에도, 사람들의 동의하에 그것은 계속 진행된다.

그러나 또다른 역설은 학대하는 사람들의 이중적인 특성을 나타낸다. 어느 부모는 어떤 한 가지 면에서는 잔혹하고 학대적인데 비하여 다른 모든 면에서는 유머 감각이 있고 친절할 수 있다. 남편에게 매를 맞는 아내들은 종종 남편이 나중에 얼마나 뉘우치고 자신에게 친절하게 되었는가에 대해서 말한다. 일시적으로 친절한 행동은 잘못된 희망을 심어 주고, 그러한 잘못된 희망이 계속 희생자로 남아 있게 만든다.

이러한 일이 가정과 결혼 생활에서 있듯이 교회에서도 일어난다. 목회자가 성실하게 돌보고 관심을 기울이는 순간들이 교회에서 일어나는 학대의 희생자들을 계속 붙잡고 있는 것이다. 심지어 가장 철면피한 학대자들은 아무래도 사람들이 영원히 그들을 대항하지 않을 것이라는 생각에, (죄 또는 교활로부터) 일시적인 친절의 기술 또는 심리학자들이 간헐성의 보강이라고 일컫는 것을 배운다.

그러므로 우리가 기독교 지도자 혹은 그룹이 완전한가를 평가할 때, 우리는 먼저 그 지도자나 그룹의 동기, 목적, 혹은 친절한 순간들만을 보아서는 안된다. 우리는 시종일관 그 지도자나 그룹의 열매를 주시해야 한다. 지도자들이 계속해서 종됨보다는 그들의 직책에 의한 권위에 뿌리를 두고 있고, 보이기 위하여 모든 것을 하고, 특별한 특권이나 칭호를 요구하고, 속이는 언어들을 사용하고, 진정한 목회적 필요들을 무시하고 이차적인 것을 일차적인 것으로 만들고 그리고 이러한 행동이 사람들을 세우기보다는 넘어뜨리고 있다면, 우리는 그러한 지도자들을 대면해서 변화시켜야 한다. 그렇지 않다면 포기해야 한다.

우리가 현재의 실제적인 영적 학대에 어떻게 반응해야 하는가를 결정하는 것과는 상관없이 우리가 해야 할 본질적인 것이 있다. 우리는 학대자를 용서해야만 한다. 우리는 이것에서도 역시 예수님의 모범을 따라야 한다. 당시의 영적 학대자들에 대해 엄하게 말씀하셨음에도 불구하고 예수님은 그들을 용서하실 준비가 되어 있었다. "예루살렘아 예루살렘아 선지자들을 죽이고 네게 파송된 자들을 돌로 치는 자여 암탉이 그 새끼를 날개 아래 모음 같이 내가 네 자녀를 모으려 한 일이 몇 번이냐 그러나 너희가 원치 아니하였도다"(마 23:37). 예수님은 모든 사람을 용서하셨다. 특히 자신을 학대했던 사람들을 용서하셨다.

신약 성경의 몇 군데에서 예수님은 자신을 본받아 우리에게 악을 행한 사람들을 용서해야 한다고 가르치셨다. "너희가 사람의 과실을 용서하면 너희 천부께서도 너희 과실을 용서하시려니와 너희가 사람의 과실을 용서하지 아니하면 너희 아버지께서도 너희 과실을 용서하지 아니하시리라"(마 6:14~15).

우리가 가정이나 교회에서 당하는 심각한 학대를 생각할 때, 그 가해자들이 권위를 가진 사람이거나 우리를 보호해 주어야만 하는 사람들이기 때문에 용서하기가 매우 힘들 것이다. 높은 지위에 있는 어떤 사람이 우리에 대한 신뢰를 저버릴 때, 그러한 배신행위는 학대를 증가시킨다. 깊은 고통과 충격은 다른 어떤 것과도 다르다. 사랑하던 사람이 원수가 될 때, 우리는 최선을 다해서 용서에 대한 그리스도의 명령을 따라야 한다(마 5:43~47). 그 때 우리는 하나님께 나아가 예수님의 명령을 따를 수 있는 성령의 능력을 구해야 한다. "오직 성령이 너희에게 임하시면 너희가 권능을 받고 예루살렘과 온 유대와 사마리아와 땅끝까지 이르러 내 증인이 되리라"(행 1:8). 우리가 용서하지 못하면, 우리는 학대로 인한 고통보다 더 고통스러운 지옥에 던져질 것이다(마 18:32~35).

만일 먼저 학대 관계에 머물러 있기로 결정할 경우, 우리는 완전한 용서를 함으로써 학대자들이 회개할 수 있도록 우리가 할 수 있는 모든 것을 다해야만 한다. 만일 우리가 상처를 주는 사람들과 기독교적인 교제를 나눌 경우에 가해자들은 자신들의 죄를 분명히 인식하고 그것을 회개해야만 한다는 사실을 분명히 해야한다. 이러한 정결함이 없이 기독교인들 간에 진정한 교제는 존재할 수 없다. 우리는 가해자들의 회개 없이도 용서할 수 있으며, 이것은 우리로 하여금 지속적인 고통의 굴레에서 자유롭게 할 것이다. 그러나 이러한 경우 우리는 그들이 회개할 때까지 그들과 화해된 관계를 가질 수 없을 것이다.

내가 가르쳤던 성경 공부 반에서 내 동료 중 한 사람의 아내가 남편과의 관계 때문에 나에게 도움을 요청하였다. 그녀는 남편이 가끔 육체적으로 성적으로 자신을 학대한다고 말하면서, 그와 헤어지면 어떻겠냐고 물었다. 나는 반드시 먼저 남편이 변화되도록 모든 시도를 다 해 보아야 한다고 말했다. 나는 말했다. "만약 남편이 그러한 시도를 거절한다면, 그 때 가서 헤어질 것을 결정해도 늦지 않습니다."

그녀는 거듭해서 남편이 자신의 죄를 직면하도록 하고 자신의 행동이 얼마나 아내에게 상처를 줄 수 있는가를 자세하게 설명해 줌으로써 남편이 변화되도록 시도했던 것을 설명해 주었다. 나는 물었다. "그러한 당신의 시도에 남편은 어떻게 반응했습니까?"

그녀가 대답하였다. "남편은 나의 시도를 무시하면서 '네가 만약 참된 그리스도인이라면 나를 용서할 수 있을 거야'라고 말했어요."

나는 다시 물었다. "그래서 무엇이라고 대답했지요?"

그녀가 대답했다. "나는 '예, 물론 나는 당신을 용서하길 원하고 또 그렇게 할 거예요. 그러나 먼저 이 문제에 대해서 함께 이야기를 해야 해요. 당신은 먼저 나에게 어떻게 했는가를 깨달아야 하고, 그러한 행동을 그만두어야만 해요' 라고 말했어요."

우리가 학대받고 있는 장소에 그대로 머물러 있다면, 우리는 가해자에게 학대에 대해서 말해야만 한다. 조만간 우리는 학대에 대해서 어떤 의견 일치를 보게 될 것이다. 변화가 있다면, 회개가 일어날 것이다. 그럴 때에만 진정한 기독교적인 친교가 가능해진다. 그렇지 않다면, 그곳을 떠날 이유를 갖게 되는 것이다.

우리는 이제 좀 더 자세하게 누가 왜 학대의 함정에 빠지게 되는가, 즉 어떤 이유가 지도자들을 학대하는 행동 유형에 빠지게 하며, 그들의 추종자들이 그러한 학대에 빠지게 만드는 것이 무엇인가에 대해서 자세하게 살펴볼 것이다.

자신이 가치가 있다는 생각을 하지 못하는 사람은
자신의 욕구를 충족시켜 줄 힘에 대하여 집착할 것이다.
그러한 사람은 자신의 자존감을 세워 줄
사람들에 대한 힘을 추구할 것이다.
— 빅터 프랭클


병적인 신앙은 하나님과의 관계가 아니라 종교가 사람들의
생활을 통제하도록 하는 종교와의 파괴적이고 위험한 관계이다.
— 스테펜 아터번 & 잭 펠톤


이방인의 집권자들이 저희를 임의로 주관하고
그 대인들이 저희에게 권세를 부리는
줄을 너희가 알거니와 너희 중에는 그렇지 아니하니
— 예수 그리스도

# 7
# 누가 왜 학대의 함정에 빠지는가?

**아무도** 법적 혹은 사회적으로 교회에 나가라고 강제할 수 없는 현대 서구 사회에서 영적 학대자들이 학대를 발휘하려면 희생자들의 자원적인 '협력'이 필요하다. 이 장에서 우리는 어떤 사람들은 왜 자발적으로 영적 학대에 순응하는가를 생각해 볼 것이다. 동시에 또다른 사람들은 왜 학대하는 사람들이 되는가에 대한 통찰을 얻게 될 것이다.

물론 이것은 거대한 주제이다. 이 문제에 대해서 자세하게 설명하려면 이 책 전체의 분량이 필요할 것이다. 이 주제에 대한 한계를 정하기 위해서 나는 주로 나 자신의 경험과 관찰 결과들을 택하였다. 이것은 논의의 주제를 한정하는 데 도움을 주지만, 또다른 문제를 발생시킨다. 자신의 경험과 깊은 확신을 가지고 있는 어떤 사람들은 왜 내가 어떤 문제는 관심을 보이면서 그와 다른 문제는 소홀히 하는가에 대하여 의문을 갖게 될 것이다. 또다른 사람들은 가장 중요한 요점은 빠뜨리고 있다고 생각할 것이다. 어떤 사람들은 내가 전혀 이러한 주제를 다룰 의도가 없어서 가볍게 처리하고 있다고 생각할 것이다. 그래서 나는 이 주제에 대한 완벽한 설명을 하고자 하는 것이 아니라는 걸 다시 강조하고자 한다. 내가 가지고 있는 확신은 나 개인적인 목회적 경험과 관찰 결과에 근거를 두고 있다.

어떤 유형의 사람들이 학대하는 지도자들의 관심을 끄는가? 내 경험으로 볼 때 학대의 희생자들은 종종 학대적인 관계에 무의식적으로 빠져든다. 다시 말하면, 이러한 사람들이 가지고 있는 성장 배경의 어떤 것이 조종하고 통제하는 지도 형태에 복종하기 쉽게 만든다는 말이다.

## 카렌의 이야기

잠시 우리 교회에 출석하였던 어느 젊은 어머니에 대한 이야기는 사람들이 어떻게 권위주의적이며 독재적인 지도자에게 이끌리며 복종하게 되는가에 대한 충격적인 설명이 될 것이다. 카렌은 정서적이며 경제적인 필요를 따라 우리에게 왔다. 우리는 그녀에게 거처를 제공해 주고, 그녀를 억누르고 있는 빚과 차압당한 차에 대한 요금을 지불해 주었다. 그녀는 감사를 표현했지만, 그러한 친절을 낯설어하는 게 분명했다. 우리의 사랑과 수용이 오히려 그녀를 불편하게 했다.

그리스도 안에서 우리에 대한 하나님의 은혜로우신 용납을 강조하는 내 설교 또한 카렌에게는 문제가 되었다. 그녀는 구역의 인도자에게 나의 설교에 '모순'이 있으며, '하나님의 완전한 조언'을 설명해 주지 못하고 있다고 말했다. 다음 주일 예배 후에 그녀는 현관 앞에 서서 분노로 떨면서 왜 내가 그렇게 '죄에 대하여 관대한가'지 알고 싶다고 말했다. 그녀는 내가 결론적으로 '거룩함과 헌신 그리고 자신을 부정하는 것'에 대하여 설교할 예정인지를 알고 싶어했다.

나는 작은 소리로 다음과 같이 대답을 하였다. "글쎄요, 한번의 설교에서 모든 것을 말할 수는 없다고 생각하는데요." 그 순간 그녀는 휙 돌아서서 나가더니 다시는 돌아오지 않았다.

얼마 후 그녀는 내 친구인 상담가를 찾았다. 친구는 그녀의 성장 배경에 대해서 내게 말해도 되는지 물었다. 그녀는 그것을 허락하였고, 내 친구는 나에게 그녀의 성장 배경에 대하여 말해 주었다.

카렌은 우리가 일컫는 소위 역기능적이며 학대적인 가정에서 성장하였다. 그녀의 아버지는 술주정뱅이였으며, 어머니는 강압적인 완벽주의자였다. 어머니는 그녀에게 비현실적인 요구를 하였고, 그러한 요구에 부응하지 못할 경우 벌을 주었다. 그녀의 어머니는 카렌이 '종교적인 미덕'을 갖추기를 원했기 때문에 카렌을 도덕적인 가르침을 주는 곳이라고 생각되는 한 지방 교회에 보냈다. 그 교회에서 카렌은 나중에 그녀를 영적 학대에 빠트리는 어떤 것을 배웠다. 목회자와 주일학교 교사들은 그녀가 '기독교적' 덕목에 합당하도록 열심을 다하면 하나님께서 축복하실 것이라는 믿음을 심어 주었다. 카렌은 하나님의 용납과 교회의 칭찬을 받기 위하여 필사적인 노력을 하였다. 그녀는 주일학교에서 특별히 잘 했고 출석부의 그녀의 이름에는 많은 별들이 붙여졌다.

정직하고 양심적인 노력에도 불구하고 카렌의 삶은 좋아지지 못하고 오히려 나빠졌다. 아버지의 술버릇은 더 이상 견딜 수 없게 되었고, 어머니의 가혹함은 가학적인 잔혹 행위로 변했다. 카렌의 종교적인 선행은 분명히 약속된 축복을 가져다 주지 못하였다. 카렌은 선행을 통한 축복이라는 신조나 그녀의 종교 지도자들이 잘못이었다는 결론을 내리는 대신에, 모든 잘못은 자신에게 있고 자신은 아직 축복을 받기에 합당하지 않다고 결론을 내렸다. 그녀는 포기하는 대신에 더 많이 더 열심히 하겠다는 서약을 하였다. 그녀의 선행이 합당하기만 하다면 잘못된 희망에 매달려 있는 것과는 상관없이, 하나님은 언젠가 그녀에게 미소를 지을 것이라고 생각했다.

만약 카렌이 하나님의 값없는 은혜와 단순히 예수님께서 그녀를 받아 드릴 수 있도록 모든 대가를 지불하셨기 때문에 하나님께 용납되었다는 것을 배웠다면, 그녀는 그 큰 슬픔을 면할 수 있었을 것이다. 그녀는 또한 나중에 영적 학대의 함정에 빠지는 것도 피할 수 있었을 것이다. 그녀의 자기 회의는 하나님을 무서운 완벽주의자라고 생각하는 하나님에 대한 개념과 결합되어 있었는데, 그것이 그녀를 권위주의적이며 독재적인 교회로부터 또다른 곳으로 이끌었으며, 하나님의 인정을 받기에 합당한 길을 찾게 했던 것이다.

카렌의 근본주의적인 신앙 교육은 그녀에게 도덕적 양심을 심어 주었다. 이러한 옳고 그름에 대한 내적 신념은 그녀가 십대 초반에 느꼈던 죄책감과 심하게 부딪혔다. 가정과 교회에서 충족되지 못했던 애정과 용납에 대한 카렌의 욕구는 부분적으로 성적인 관계에서 충족되었다. 인간적 욕구와 신앙적 양심 사이의 갈등에서 인간적 욕구가 승리를 하였다(이러한 경우에는 언제나 그렇게 결론이 난다).

정서적인 공허감을 일시적인 성 관계를 통하여 충족할 때마다 자신이 죄를 짓고 있다는 생각에 더 외롭고, 수치심과 불편함을 느꼈다. 그녀는 하나님께서 그러한 자신을 축복하시지 않는 것이 마땅하다고 믿었다. 그녀의 죄책감은 포기하는 대신에 더 큰 종교적 선행을 시도하도록 박차를 가하게 하였다. 카렌은 현실적인 모순에 빠지게 되었다. 그것은 나의 상담가 친구의 말처럼 '걸어다니는 시민 전쟁'(a walking civil war)이었다. 그녀는 종교적 행위와 성적인 죄를 습관적으로 되풀이하였다. 종교적 공허감은 그녀를 성적 확신으로 몰아넣었고, 그것은 다시 그녀의 죄를 보상하기 위한 종교적 행위로 몰아넣었다. 수년간에 걸쳐서 나는 이와 똑같은 중독적인 반복 행위에 빠져 있는 수십 명의 그리스도인들(주로 성직자들)에 대해서 말해 왔다.

카렌은 16살에 임신을 하게 되었고, 18살 된 아이의 아버지와 결혼을 하였다. 그 남자는 그 즈음에 카렌의 아버지와 같은 알콜중독자가 되었다. 그의 주벽이 위험해지자, 카렌은 두 아이들을 데리고 서부 지역에서 남 캘리포니아로 이사를 했다. 그렇게 해서 우리 교회와 인연을 맺게 된 것이었다.

우리와 함께 머물렀던 짧은 기간 후에 카렌은 우리 지역에 있는 율법주의적이며 독재주의적으로 지도하는 것으로 알려진 어떤 교회에 참석하기 시작했다. 카렌은 그 교회가 결과적으로 자신과 하나님과의 편안한 관계를 만들어 줄 것이라고 생각하는 거룩한 생활을 다시 시작할 수 있도록 하기에 충분하다고 느꼈다. 무엇을 하라 혹은 하지 말라는 그 교회의 규범과 그녀의 삶에 대한 통제는 그녀에게 달려가야 할 궤도를 정해 주었다.

## 수치심이 바탕이 된 동기

카렌처럼 어린 시절의 경험에서 하나님이 독재적인 완벽주의자라고 믿는 사람들이 많이 있다. 교회와 가정에서의 용납의 결여가 종종 그들을 학대하는 지도자들과 교회가 항상 요구하는 종교적 선행으로 몰아넣는다. 만약 그들이 그리스도를 통한 은혜의 복음을 접하지 못하게 된다면, 그들은 모든 삶을 조종하는 종교적 조종을 받기 쉬운 상태로 남아 있게 된다.

때때로 수치심이 바탕이 된 종교적 선행에 대한 동기는 특별한 죄나 실제 혹은 상상의 죄에 의하여 더욱 강렬해진다. 나는 그의 부모와 그가 다니던 교회가 종종 그에게 목회나 선교 분야에서 일하도록 예정되어 있다고 하는 말을 들으며 자란 사람은 알고 있다. 그가 대학을 졸업했을 때, 그러한 말과는 다르게 사업에 뛰어들게 되었다. 성공을 하였지만, 그는 자신의 삶에 대한 '하나님의 뜻'을 따르지 않았다는 두려움에 괴로워하였고, 결국 그러한 죄책감과 수치심은 요구하는 대로 교회에 기부를 하고 모든 위원회가 요청하는 대로 봉사를 하는 것으로 보상하려는 상태에 빠지게 하였다. 그의 충동적인 종교적 선행은 현실적인 기독교 봉사에 대한 관념의 범위를 넘어서는 것이었다. 상상의 죄를 보상코자 하는 그의 욕구는 그가 다니는 교회의 독재주의의 요구들과 완벽하게 맞아떨어졌다. 이것이 그가 어떻게 영적 학대에 빠지게 되었는가에 대한 설명이다.

나는 강박적으로 자위행위를 하는 기독교 성직자를 알고 있다. 그의 교회나 혹은 교단의 어느 누구도 그 사실을 알지 못한다. 모든 사람이 알고 있는 그는 어느 누구에게도 말할 수 없는 비밀을 가지고 있는 사람이었다. 수치심 때문에 그는 헛되이 밤낮 없이 그의 교회와 교단 지도자들의 요구를 들어줌으로써 자신의 양심에 보상을 하려고 애썼다.

하나님이 완벽주의 독재자라는 믿음을 가지고 있는 사람들은 자신을 만족시키는 종교적 선행을 요구하는 지도자들로부터 상처를 입기 쉬운 상태에 있다. 만성적인 죄책감으로 고통을 당하고 종교적 선행을 통하여 죄책감을 완화시키려고 시도하는 또다른 사람들은 조종하고 통제하는 지도자들의 잠재적인 희생자들이다.


## 불안정한 학대자

나는 영적 학대의 전형적인 두 가지 유형에 대하여 관찰을 하였다.

일반적인 유형은 자신이 인정받지 못한다고 느끼고 다른 사람들에 대한 지배권을 얻음으로 인정받으려 하는 지도자이다. 이러한 사람은 내적인 회의와 두려움에 괴롭힘을 당하고 있다. 이 사람은 과거에 영적인 학대로 개인적인 상처를 받았던 사람일 것이며, 자기를 방어하기 위한 방법으로 힘을 부여잡고 있을 것이다. 거기에 상처를 주려는 의도는 없다. 다른 사람에게 상처를 주는 것은 자신을 보호하려는 동시에 '어떤 사람이 되려는' 시도에서 발생한 부산물들이다.

내적 연약함의 감정을 보상하려는 시도로 힘을 추구하는 목회자들은 종종 자신들의 권위에 집착한다. 스스로 자격이 없다고 생각하고 있는 지도자들은 종종 안정된 지도자들보다 강한 힘을 휘두른다. 건강한 독립심이 결여된 어떤 사람들이 가지고 있는 학대하는 책략은 배우자나 친구 혹은 교단 지도자들의 괴롭힘에서 유래한다.

교회 지도자는 어떤 비판도 받지 않는 권위를 얻기 때문에 정서적으로 결핍한 이런 사람들의 마음을 끈다. 기독교 지도자라는 직책은 '하나님의 백성'들에 대한 권위를 부여한다. 기독교 목회자들의 명성은 서구 사회에서 철저하게 쇠퇴하였지만, 그러나 아직도 여러 사회에서 중요한 위치를 차지하고 있다. 어떤 사람이 짧은 기간 안에 그가 사는 지역과 수많은 사람들에 대한 중요한 영향력을 얻게 해 줄 수 있는 직업은 (군대를 제외하고는) 없다. 강단은 설교자들에게 방해나 도전을 받지 않고 매주일 완전한 관심을 얻고 그것을 즐길 수 있도록 해준다. 강단으로부터 나온 권위를 넘어서 목회자들은 영적 조언자, 상담가, 행정가 그리고 최고 경영자로서의 역할로 다른 사람들에 대한 힘을 가지고 있다. 그들은 또한 수많은 돈을 통제할 것이다. 거기에 교회의 독재자가 될 수 있는 요인이 있다는 것은 의심할 여지가 없다.

이 강력한 힘을 가진 사람이 또한 실패에 대한 두려움이나 통제에 대한 욕구를 가진 불안한 상태에 있는 사람이라면, 위험하게 되리라는 것은 자명하다. 그럼에도 불구하고 학대자들이 종종 자신들에게 상처를 준 문제와 같은 경험을 공유하고 있다는 것은 상담가들 사이에서 잘 알려져 있다. 카렌과 같은 경험을 가진 사람들은 학대의 경험을 지속시키는 사람에게 이끌림으로써 자신의 연약한 어린 시절의 경험에 반응하려 할 것이다. 카렌과 유사한 성장 배경을 가진 또다른 사람은 장래의 학대와 통제자로서의 역할로부터 자신을 보호하려는 것으로 반응하게 될 것이다. 학대 관계가 그들이 알고 있는 모든 것이기 때문에, 역할은 다르지만 그러한 형태의 관계를 지속할 것이다.

내 친구 중의 하나는 큰 기독교 상담 그룹의 지도자이다. 30명이 넘는 그의 직원들은 매년 수십 개의 교회로부터 상담을 하러 오는 내담자들을 알고 있다. 그는 나에게 상담자들이 그 지역에 있는 영적으로 사람들을 조종하고 있는 교회를 추적하기란 쉬운 일이라고 말한다. 일주일에 한 번 직원들은 전 주에 있었던 내담자들과의 상담 결과를 보고하기 위한 회의로 모인다. 종종 그들 중의 몇 명은 사람은 다르지만 같은 교회와 같은 문제를 가진 내담자들을 만난다고 보고한다. 그들은 수년간에 걸쳐 담당했던 상담 건수들을 양산하는 매우 율법주의적이고 독재주의적이며 조종하는 교회들을 보아 왔다.

또한 내 친구는 학대하는 이런 교회의 목회자들이 종종 도움을 청하러 자신에게 온다고 나에게 말했다. 그는 학대의 가해자들은 언제나 자신들로부터 상처를 받은 사람들과 동일한 내적인 갈등으로 괴로워하고 있다는 사실에 깊은 인상을 받았다. 이미 다 알고 있는 판에 박힌 이야기처럼 "상처를 받은 사람이 상처를 준다." 권력을 가진 상처받은 사람은 종종 자신을 위협한다고 생각되는 사람들을 통제하고 조종하는데 힘을 잘못 사용한다. 그들은 그렇게 함으로써 위계질서나 개인적인 안정감을 만들려고 한다.

나는 몇 년 전 이와 똑같은 상태에 빠지도록 유혹을 받았던 때를 기억하고 있다. 나는 목사로서 어떤 큰 교회를 섬기고 있었다. 교인들은 안정되어 있었으며, 전통적으로 장로회에 의하여 통제되고 있었다. 나와 장로들 사이에는 나에게는 매우 중요한 목회와 교회 정치와 관계된 여러 가지 문제들에 대한 의견 차이가 있었다. 나는 그들이 교회를 이끌어 가려는 나의 시도를 방해한다고 느꼈다(여기서 다시 영적 학대는 언제나 목회자에 의해서만 일어나는 것이 아님이 분명해진다. 영적 학대는 어떠한 그룹이든지 힘을 가진 누군가에 의하여 가해질 것이다.). 나는 나에 대한 장로들의 조종이나 혹은 교회에 대한 그들의 지배가 극단적인 학대였다고 말하려는 게 아니다. 그러나 그들의 행위는 분명히 도를 지나친 것이었다.

특히 의견이 분분한 장로들의 모임이 있은 후에 나는 절대로 다시는 나 자신을 그들의 지배 하에 두지 않겠다고 맹세를 하였다. 더 심하게 상처를 받고 개인적인 지원이 없어서 나는 목사직을 사임하고 그 교회를 떠나 독재자처럼 내 마음대로 할 수 있는 다른 곳을 찾아야만 하겠다고 생각했다. 그런데 다행스럽게도 그 후에 나에게 제안된 교회는 더 자유스러웠고 장로들은 나와 같은 목회 철학을 가지고 있는 사람들이었다. 그래서 내가 속으로 했던 맹세는 전혀 실행되지 않았다.


## 학대자들을 위한 치유

영적 학대자에서 회개하고 돌아선 어떤 친구가 나에게 어떻게 성장해 왔는가에 대해서 말해 주었다. 그는 자신의 어린 시절은 '종교적이었지만 용납과 인정이 없는 시절'이었다고 말했다. 집을 떠났을 때, 그는 자신의 중요성과 의미를 느낄 수 있는 곳을 찾았다. 또한 그를 필요로 하는 일자리를 원했다. 그는 (모든 사람들이 하는 공통적인 이야기처럼) 전문적인 기독교 목회에 관심이 끌렸다. 그는 처음 나간 교회에서 그의 욕구를 충족시켜 주고 비판 없이 그를 지지해 주는 교구민들을 어떻게 끌어 모았는가에 대해서 설명을 해주었다. "그 때 나는 계급을 정했습니다. 나를 지지하는 사람들은 가장 꼭대기에 그리고 나의 지도력을 위협하는 태도를 보이는 사람들은 가장 밑바닥에 두었습니다. 이 계급 구조는 내가 옳은 일을 하고 있다는 망상에 빠지게 하는데 일조를 하였습니다."

내 친구는 가장 밑바닥에 있는 사람들을 억압하고, 가장 위에 있는 사람들을 자신의 학대 형태를 따르도록 훈련시켰던 것에 대한 고통과 절망에 대해서 말해 주었다. 그는 결국 하나님의 자비와 은혜에 대한 깊은 이해를 통하여 다른 사람들을 통제하려는 충동으로부터 벗어날 수 있었다. 그는 지금 공개적으로 회개를 하였고 상처를 회복하고 있는 중이다.

카렌과 같이 이 세상의 모든 피해자들처럼 학대자를 위한 유일한 치유책은 역시 복음 안에 있는 진리와 힘이다. 학대자나 피해자들 모두는 진정한 복음을 만나기 전까지 서로를 찾으며 발견할 것이다. 학대를 받아들이는데 익숙해 있는 사람은 마치 학대자가 희생자를 필요로 하듯이 학대자를 필요로 한다. 학대자는 자신이 지배할 수 있는 어떤 사람이 필요하며, 희생자는 자신을 지배하는 어떤 사람이 필요하다. 희생자들은 스스로 자신들은 학대적인 대우를 받을 만하다고 생각한다. 학대자들은 희생자들에게 마땅하다고 여겨지는 학대를 가할 수 있는 자격을 가지고 있다고 생각한다. 학대자와 희생자가 서로를 발견할 때, 그들은 요즘 일컫는 소위 **상호 의존**이라는 공생 관계를 형성한다.

학대자는 어떤 사람에게 하나님 행세를 하면서, 희생자는 어떤 사람의 욕구를 충족시켜 주는 관계에 빠져듦으로써 안정감을 발견한다. 아무도 의식적으로 그 결과가 고통이 되기를 바라지 않는다. 고통은 단순히 지불되어야만 하는 대가이다. 그러나 그 대가는 서로에게 점점 더 많은 빚을 안겨 주게 된다. 오직 철저하게 영원한 파산을 선언하고 하나님의 자비와 은혜에 전적으로 의지할 때에만 생명과 존엄성과 탈출구를 발견할 수 있다. 오직 학대적이며 상호의존적인 관계 속에서 거짓 평안과 안정감을 얻으려는 것을 포기할 때에만 진정한 자유와 참다운 자립을 발견할 수 있다. 더 자세한 것은 다음 장에서 다룰 것이다.

## 자기 도취적인 학대자

영적 학대자의 전형적인 두 번째 형태는 영웅적이며 과장된 혹은 메시아적 자기 도취형으로, 이런 학대자는 하나님을 위해 위대한 어떤 사람이 되려 하거나 혹은 전례가 없는 어떤 일을 이룬 사람이 되려는 욕망에 사로잡혀 있다. 이러한 환상을 이루기 위해서는 다른 사람들의 협조와 그들의 돈에 대한 접근을 필요로 한다. 학대자의 첫 번째 형태와 같이 이런 지도자는 의도적으로 다른 사람에게 상처를 주길 원하지 않을 것이다. 그러나 다른 사람들은 그들이 지도자와 하나님의 '숭고한 목적'을 위하여 일하는 동안 상처를 받는다.

때때로 학대자의 첫 번째와 두 번째 유형이 한 사람에게 결합되어 있다. 가장 전형적인 예는 성인 예배 인도자들이다. 정치 분야에서 불완전한 자아는 메시아적 복합성과 위대한 힘의 추구와 결합되어 히틀러나 무솔리니나 혹은 스탈린과 같은 사람들을 만들어 낸다.

학대자의 첫 번째 형태와 같이 자기 도취적인 학대자들은 매우 복잡하여 이해하기가 힘들다. 어떤 경우 그들은 불안전한 학대자들보다 더 위험스럽다. 왜냐하면 그들은 가장 숭고하고, 가장 헌신되고, 가장 은사가 많고 하나님에 대하여 모든 것을 맡긴 것처럼 보이기 때문이다.

그들은 또한 자기 자신들을 보호하려는 것뿐만 아니라 숭배를 받으려고 하기 때문에 더 위험스럽다. 그들은 스스로에게 안전한 장소를 원하는 것을 넘어서서 자신들이 영광 받기를 원한다.

어른이 되어서 자기 도취에 빠지게 되는 잠재성은 우리의 어린 시절에 근거한다. 대부분의 어린 소년들(그리고 내가 말한 몇 명의 어린 소녀들)은 스스로 자신들이 존경하는 사람들 같은 영웅적인 업적을 수행하는 상상에 빠지는 자기 도취적인 단계를 통과한다. 나도 그랬다는 것을 알고 있다. 나는 여섯 살 때에 불타는 건물에서 나의 가족과 일 학년 때 선생님이었던 트림블 선생님을 극적으로 구해 내는 상상에 빠졌던 것을 생생하게 기억할 수 있다. 슈퍼맨과 타잔은 나의 숭배의 대상이었다. 이것이 대부분의 사람들이 가지고 있는 시간과 현실을 조절하는 단계이다.

그러나 영웅적인 지도자들은 절대로 그들의 어린 시절의 환상을 벗어버리지 못한다. 진정한 자기도취자들의 영혼은 성숙의 과정을 잘 견디어 낸다. 어른인 자기도취자들은 어느 날 숭배할 만한 환상이나 하나님을 위한 정말로 예외적이며 전례가 없는 어떤 것을 이루는 꿈에 매달려 있다. 그들은 교회 역사의 과정을 변화시키거나 국가를 복음화하는 진정한 교회를 세우는 혹은 세계의 굶주림을 경감시키는 일 혹은 하나님의 마지막 군대의 지휘자가 되는 소설을 쓰는 꿈을 꾼다. 그들은 과장된 자부심을 가지고 있다. 그들은 무한정으로 성공할 수 있는 자격이 있다고 생각한다. 그들은 신성한 은혜와 같은 인간적인 추종을 받을 만하다고 믿고 있다.

자기 도취적인 지도자들은 자신들의 과장된 자부심을 유지하기 위하여 다른 사람들을 평가 절하시키는 경향이 있다. 그들은 자신들이 원하는 방법이 다른 사람들에게 고통을 줄 경우 당혹해 하거나 혹은 불쾌감을 느끼게 될 것이다. 자기 도취적인 지도자들은 약삭빠른 배우들은 아니다. 그들은 진정으로 대중들에게 위대하다는 칭호를 받을 만하며, 주변의 다른 사람들의 욕구는 전혀 중요한 것이 아니라고 믿고 있다.

그들은 어쩌면 자신들의 비전과 가치를 칭송하고 자신들의 행위를 정당화할 추종자들을 필요로 하기 때문에 위험스럽다. 그들의 삶에서 가장 큰 두려움은 중요하지 않고 이름이 없고 얼굴이 알려지지 않는 사람이 되는 것이다.

그러한 지도자들이 가장 이용하기 쉬운 무대는 슬프게도 강단이다. 강단 뒤에 감추어진 초기의 활동을 그가 추구하던 바로 그 관심과 힘을 경험하는 첫 번째 시간이 될 것이다. 만약 그가 진정으로 은사를 받고 열심히 일하기를 원한다면 그의 꿈이 실현될 수 있는 가능성을 볼 수 있다. 그 꿈이 실현되었다고 평가될 때, 메시아적 지도자는 결국 그가 추구하던 힘을 맛보게 되고, 더욱 그 힘을 원하게 된다. 그것은 중독적인 행동의 일종이 된다.

이러한 지도자들은 자신이 필요로 하는 공개적인 지원을 얻기 위해 종종 자신들에게나 혹은 다른 사람들에게 자신의 이익을 위해 과도한 요구를 한다. 그러한 요구에는 특별한 기름 부음이나, 평범하지 않은 개인적인 희생이나, 전례가 없는 하나님과의 만남이나, 독특한 훈련이나, 독특한 가르침이나, 지도력의 부여나, 다른 사람에게는 유용하지 않은 진리에 대한 계시나, 혹은 하나님의 마지막 때의 목적에 대한 비밀 지식과 같은 것들이 포함될 것이다. 이러 저러한 요구들은 하나님께서 이 지도자를 특별히 부르셨다는 의미와 종종 강요되는 그들에 대한 존경과 추종이 '평범한 사람들'의 의무라는 것을 함축하고 있다.

위대함에 대한 메시아적 요구들은 가끔 꾸밈이 없이 직접적이지만, 때로는 매우 교묘하다. 나는 최근에 메시아적 형태의 지도자가 "너희를 인도하는 자들에게 순종하고 복종하라 저희는 너희 영혼을 위하여 경성하기를 자기가 회계할 자인 것같이 하느니라 저희로 하여금 즐거움으로 이것을 하게 하고 근심으로 하게 말라 그렇지 않으면 너희에게 유익이 없느니라" 는 히브리서 13장 17절을 가지고 교인들에게 설교하는 것을 들은 적이 있다. 설교의 핵심은 교회는 설교자 자신에게 복종하고 따라야 하며, 만약 그렇지 않으면 그에 대해서 해명을 해야만 한다는 것이다. 그는 설명하기를 만일 교인들이 복종하지 않거나 따르지 않을 경우, 하나님이 그를 정죄하고 지옥에 떨어뜨릴 것이라고 설명했다. 나는 그의 무시무시한 해석과 과장된 자부심에 놀랐을 뿐만이 아니라 그의 교인들이 그것을 그대로 받아들인 것에 대경실색하였다! 서로 불평을 하던 그 사람들은 지금은 정말로 더 순종적이며 고분고분한 사람들이 되려고 하고 있다.

지도자들이 한 번 특별함과 중요함에 대해 요구하면, 그것은 어떤 추종자들도 그에게 도전하기 어렵게 만든다. 바로 그 순간부터 이 지도자는 모든 평가로부터 자유로워지게 된다. 이것이 그로 하여금 추종자들을 통제함으로써 자신을 기쁘게 하는 행동을 할 수 있게 만들어 준다.

그러나 통제가 언제나 쉬운 것은 아니다. 사람들은 자기 고유의 욕구를 가지고 있으며, 조만간에 그것을 느끼고 충족되기를 원한다. 메시아적 지도자는 추종자들에게 미래에 있을 그보다 더 좋은 어떤 것을 약속함으로써 추종자들이 자신들의 욕구를 인식하거나 표현하는 것을 막으려고 시도한다. 추종자들이 현실적으로 정직하게 사는 것을 막기 위해서 메시아적 지도자는 그들에게 "부흥이 바로 집 모퉁이에 다가왔다" 거나 혹은 "하나님의 놀라운 역사가 바로 눈앞에 다가왔다" 는 약속을 한다. 메시야적 지도자는 추종자들을 현재로부터 격리시켜서 자기 자신의 관심거리를 계속 수행해 나간다.

사람들을 현재에서 격리시키는 또다른 전략은 위기를 조성하여 혼란을 주는 것이다. 전혀 조리가 서지 않는 정책들이 수립되고 프로그램들이 착수될 것이다. 전 주에 말한 것과는 다른 예언들이 주어지고, 그에 대한 설명은 전혀 없다. 그 결과로 야기되는 혼란은 사람들이 실제로 되어 가는 것이 무엇인지를 알지 못하게 한다. 이것이 거의 비생산적인 활동이 일어날 수도 있다는 것과 과도한 노력을 요구하는 일이 일어나고 있다는 사실을 감추는 데 일조를 한다. 아무도 (가장 높은 곳에 있는 사람만을 제외하고) 일어나고 있는 것이 무엇인지 알지 못하기 때문에 소문만이 무성하게 된다.

혼란스러운 집단은 때때로 위기를 필요로 한다. 사탄적이거나 정치적 혹은 교회의 적대자들은 '우리 대(對) 그들'이라는 지배적인 정신 상태를 조성시키는데 익숙해 있다. 지도자는 종종 그의 그룹이 전쟁터에 있는 것처럼 생각한다. 이것이 추종자들이 자신의 고통스러운 감정을 살피고 관계를 깨뜨릴 수 있도록 밖으로 나가려 하는 것을 못하게 한다.

메시아적 지도자에게 있어서 효과적인 통제 방법 중의 하나는 추종자들이 그와 함께 특별한 임무를 수행하고 있다고 믿게 하는 것이다. 지도자가 성공적으로 추종자들로 하여금 자신이 하나님의 유일무이한 도구라고 믿게 한다면, 그것은 그에 대한 그들의 지원의 미덕으로 인하여 그들을 유일무이하게 만들어 준다. 이 그룹은 "우리는 하나님의 특별한 도구이다," "우리는 가장 신실한 남은 자이다," "우리는 이 세대에서 하나님에 의하여 특별히 선택받은 자들이다" 혹은 "우리는 하나님의 마지막 군대로 훈련을 받고 있다"고 말하거나 또는 암시할 것이다.

이러한 태도가 한번 모임 안에 뿌리를 내리면, 추종자들을 자부심과 두려움이라는 복합적인 감정을 갖는다. 모든 사람들은 특별하다는 느낌을 갖기를 원하며, 어떤 사람은 특수 계층의 한 사람이 된다는 흥분에 빠진다. 또다른 사람들은 하나님의 뜻을 이루지 못하면 특별한 소명을 저버렸다는 비난을 받을까 두려워한다. 이것이 우리를 누가 메시아적 지도자에 의한 함정에 빠지며 누가 자신들에게 가해지는 학대에 자발적으로 빠져드는가 하는 의문으로 이끈다.

## 자기 도취적인 추종자들

우리 대부분은 영웅을 원한다. 우리는 명백하게 통제되고 있지 않은 이 세상을 이해하고 잘 다룰 수 있는 어떤 사람을 원한다. 우리는 기댈 수 있는 아버지나 혹은 큰형과 같은 우리의 삶을 위하여 함께 할 어떤 사람을 원한다. 우리가 그러한 사람을 발견했다고 생각한다면, 우리는 그에게 믿을 수 없는 권력과 권한을 부여할 것이다. 우리는 그의 실수들을 너그럽게 보려고 할 것이며, 우리에 대한 그의 죄에 대하여 전혀 의도적인 것이 아니라고 생각하며 용서하려고 할 것이다. 우리는 그가 숭고한 목적을 가지고 있기 때문에, 그가 우리를 잘 이용하든 잘못 이용하든 그것은 그의 특권인 것처럼 행동할 것이다. 우리는 우리가 원하는 바대로 하기보다는 고분고분한 희생자가 되려 하거나 스스로 중요한 존재가 아니라고 여길 것이다. 우리 개성을 희생하는 것을 그의 특별한 그룹의 한 일원이 되기 위하여 지불해야 하는 작은 대가로 여길 것이다.

젊고 이상적인 사람들은 특별히 구세주인체하는 사람들에게 빠지기 쉽다. 그들은 자신들의 삶을 포함하여 세상이 혼란스럽다는 것을 알 정도로 충분히 긴 세월을 살아왔지만, 그러한 문제에 대한 해답이 복잡하다는 것을 알 만큼 오래 살지는 못했다. 스스로 구세주인양 하는 사람들은 이러한 문제들에 대하여 단순하고 흑백 논리적인 해답을 준다.

　자신들의 연약함을 인식하고 있는 젊은이들은 지혜와 힘을 소유하고 있는 것처럼 보이는 지도자들에게 이끌린다. 그들은 유혹과 죄에 대하여 무기력함을 느끼며, 그러한 문제들에 대하여 답을 주고 한계를 세워 줄 어떤 사람을 원할 것이다. 그들은 모든 것이 옳게 이루어지는 신약 성경에 나오는 것과 같은 진정한 교회를 원한다. 성숙치 못한 사람은 자신들보다 성숙하고 확실한 어떤 사람을 원한다.

　젊은이들은 또한 문제에 잘 빠진다. 그것이 '다르게 되기 위해서' 과도한 종교적인 요구에 복종하는 것이 숭고하게 보이도록 만들 것이다. 하나님으로부터 특별히 선택을 받은 사람들 중의 하나가 된다는 생각은 흥분시킬 만한 것이다. 그리고 도피가 매력의 한 부분이 될 것이다. 약물이나 알콜을 복용하는 것과 같이 어떤 문제의 원인에 굴종하는 것은 개인적인 정체성을 성장시키고 세워 가는 것으로부터 도피하는 것이다.

　지적 교양의 부족은 젊은이들과 경험이 부족한 사람들에게 또 하나의 위험이다. 그들은 사람들과의 일반적인 관계와 지도자들과의 특별한 관계에서 그들에 대해서 옳게 판단을 하기 위한 경험이 충분치 못하다. 만일 지도자가 스스로 확신을 가지고 있는 어떤 해답이나 행동을 제시하면, 젊은이들은 그것을 믿는다. 만일 메시아적인 지도자가 스스로 '모세의 자리'를 차지하면, 젊은이들은 그들이 그렇게 하도록 허락할 것이다.

　앞에서 언급한 바와 같이 메시아적인 지도자는 정직한 현재의 삶을 막는 미래의 어떤 것을 약속한다. 그러나 그의 추종자들의 어떤 욕구는 결국 격렬해져서 변화하도록 압력을 가하게 된다. 만일 그들이 영적 엘리트의 한 부분이 되었다는 자부심을 갖게 되고 하나님의 뜻을 수행하지 못한 것에 대한 두려움을 초월한다면, 그들은 다른 힘에 의하여 여전히 같은 노선을 견지하게 될 것이다. 그들은 다음과 같이 생각할 것이다. "나는 이미 이 지도자와 그룹에 많은 투자를 하였다. 나는 나의 투자를 버릴 수 없다. 때가 되면 나의 투자는 진정으로 이익을 가져올 것이며, 그 때 그것은 제값을 하게 될 것이다."

잃은 사람이 계속적으로 투자하는 것은 일반적인 현상이다. 주식에 마음이 팔린 투자자는 이미 이익이 없다는 것이 분명해졌음에도 불구하고 계속 주식을 살 것이다. 자동차를 사는데 많은 돈을 지불한 사람은 계속해서 그 자동차의 가치보다 더 많은 돈을 수리하는데 쓸 것이다. 어떤 아내나 아이들은 알콜중독자나 약물중독자가 언젠가는 그것을 끊게 될 것이라는 희망 속에 계속해서 그들과의 관계에 빠져들 것이다. 마찬가지로 어떤 추종자들은 자신들에게 상처를 주는 지도자를 계속해서 지원한다. 그들은 그가 언젠가는 자신들을 해방시켜 줄 것이라는 희망을 가지고 있기 때문이다.

진정한 회심과 회개가 있기 전까지는 결코 그러한 지도자들은 자신들의 약속을 지키지 못한다. 우리를 해방시켜 줄 구세주는 오직 예수 그리스도 한 분이시다. 다른 모든 사람들은 실망만 줄 뿐이다.

많은 기독교 사역자들은 죄책감과 신성한 신념을 동등하게 생각한다.
만일 우리가 죄책감을 느끼거나 스스로에 대해서
잘못되었다는 생각을 하게 된다면,
그것은 성령께서 그렇게 하셨거나, 그렇게 하고 계시기 때문이다.
— 브루스 내래모어

종교 개혁기는 사람들이 눈도 제대로 뜨지 못한 채 술에 취해서 비틀거리던 시기였다.
사람들은 빼곡히 들어찬 1500년 된 순도 200도 짜리 성경 원액이 담긴
병을 가져다가 한 모금씩 마시면서 하나님은
우리를 간단하게 구원하신다고 확신하곤 하던 중세 말기의 먼지 쌓인 지하에서
발견되었기 때문이다.
자력에 의한 완전을 염려하는 것으로
천국에 들어가려고 기를 쓰던 시대가 모두 끝나고 나자
복음이라는 낱말은 구원받은 사람들이 시작하기도 전에 성공했다는
무의미한 선언으로 판명되었다.
은혜란 물이나, 얼음 그리고 달리 함께 넣어 마실 수 있는 음료가 전혀 없이
오로지 술에 취하는 것이었다.
— 로버트 패러 캐이펀

아들이 너희를 자유케 하면 너희가 참으로 자유하리라.
— 예수 그리스도

그러므로 이제 그리스도 예수 안에 있는 자에게는 결코 정죄함이 없나니.
— 사도 바울

# 8
# 은혜로 말미암은 치유

**나는** 최근에 영적 학대에 대해서 전화로 토론하는 라디오 프로그램에 세 시간 동안 출연했었다. 그 프로그램이 진행되는 동안 나는 이 책의 처음 일곱 장을 참고로 요약해 주었다. 그 방송 시간에 걸려 온 전화들은 이 연구의 필요를 극적으로 확증시켜주었다. 그 때 걸려 온 모든 전화들은 교회에서 행해진 학대의 '생존자들'로부터 온 것이었다. 대부분의 사람들은 그들을 학대에 빠지게 한 죄책감과 수치심을 어떻게 극복하며, 학대를 받으며 오는 부가적인 죄책감과 수치심을 어떻게 치유할 수 있는지를 알고 싶어했다.

나는 전화한 사람들 각각의 고유한 욕구에 하나님의 은혜에 대한 몇 가지 관점들을 적용하여 대답해 주었다. 그 사람들에게 나는 "학대의 희생자들과 마찬가지로 학대자들을 위한 유일한 치유는 하나님의 자비와 은혜의 충분한 체험입니다"라고 단언하였다.

2시간 55분간의 대담을 종합하면서 프로그램 진행자가 말했다. "그런데, 목사님의 말은 예수님께서 우리를 선하게 만드셨기 때문에 하나님과 다른 사람과의 관계가 좋다는 것을 확실하게 알고 있다면, 아무도 다시는 우리를 조종하고 통제할 수 없다는 말로 요약할 수 있겠군요. 그리고 만일 학대자 역시 하나님에 의하여 전적으로 사랑을 받고 용납되었다는 것을 안다면, 다시는 절대로 어느 누구도 지배하려는 욕구를 갖게 되지 않겠군요." 그는 매우 정확하게 말했다.

### 수치심에 쫓김

이미 우리가 살펴본 바와 같이 종종 학대자와 그들의 희생자들은 자기 회의와 그에 따른 고통에 의해 자신들의 역할로 내몰린다. 그들은 이 내적 고통을 여러 가지 방법으로 표현한다. 어떤 사람은 자기 자신이 무엇인가 결점투성이라는 느낌을 갖는다. 어떤 사람들은 정확하게 무엇이라고 말할 수 없는 징벌에 대한 두려움을 호소한다. 이러한 상태를 가장 잘 설명해 주는 용어는 아마도 **수치심**일 것이다.

어떤 사람들은 **죄책감과 수치심**을 혼용하여 사용하지만, 이 두 감정에는 아주 중요한 차이점이 있다. 죄책감은 나쁜 행동에 대한 정서적인 형벌이다. 그것은 우리가 행한 어떤 잘못과 관계가 있다. 반면에 수치심은 우리가 **누구인가**에 대하여 우리에게 주는 감정이다. 그것은 우리의 존재와 관계가 있다. 심한 죄책감은 우리가 한 일을 미워하도록 자극한다. 이 고통은 우리가 회개하고 보상하도록 만든다. 반면에 어떤 심한 수치심은 우리 존재 자체를 미워하도록 자극할 것이다.

사람들은 자기 회의, 자기혐오 그리고 수치심에 대하여 다양한 방법으로 반응한다. 앞서 예로 든 카렌의 경우 수치심에 가득한 그녀의 감정이 자신은 그러한 학대를 받을 만하다고 느끼게 하였기 때문에 그녀는 사람들과 조직으로부터 가해지는 학대에 순응하였다. 수치심은 학대하는 지도자들이 제공하는 것과 똑같은 형벌을 요구한다.

학대하는 지도자들은 스스로 깊은 수치심을 느낄 수 있다. 그러나 그들은 자신들에게 복종하도록 벌을 주는 사람을 찾는 대신에 자신들이 학대할 사람을 찾는다. 나는 종종 스스로에 대해서 불완전하고 적절치 못한 감정을 지닌 사람이 그러한 나쁜 감정으로부터 벗어나기 위해 다른 사람들에 대하여 우월감을 갖는 것을 본다. 다른 사람들에 대한 우월한 지위를 얻는 것은 일시적으로 자기 회의의 감정을 가라앉혀 준다. 그러나 곧 그들은 다른 순간적인 치료 효과를 필요하게 되어 계속해서 다른 사람에 대한 힘을 행사하는 방법들을 찾는다. 힘의 잘못된 사용은 소금물을 마시는 것같이 마시면 마실수록 더 목마르게 된다.[1]

그러므로 많은 학대 관계에서 희생자와 학대자 간에 존재하는 공통 분모는 수치심이다. 수치심은 어떤 사람에게는 학대를 받도록 만들고, 또 다른 사람에게는 학대를 하도록 자극한다. 자기혐오와 수치심의 해결 방법을 찾을 수 있다면, 그것은 학대자를 치유하기 위한 방법이 됨과 마찬가지로 학대받는 자들을 치유하기 위한 방법이 될 것이다.

## 수치심과 율법

우리 가운데 그렇게 많은 사람들에게 깊이 배어 있는 수치심의 원인은 무엇인가? 우리 속에 있는 무엇이 우리는 가치가 없으며, 무언가 잘못되었다는 감정을 만들어 주는가?

상담가들과 신학자들 그리고 사회학자들은 이러한 질문에 다양한 설명을 하고 있다. 여기서 내가 확신하며 제안하는 것은 사도 바울이 제시한 해답이다. 바울은 우리가 가지고 있는 죄책감과 우리가 느끼고 있는 수치심이 본질적으로 율법에 대한 우리의 감정과 관계가 있다고 이해했다. 바울이 사용하고 있는 '율법'(nomos)이라는 용어는 그 의미가 복잡하고 매우 의견이 분분한 용어이다. 여기서는 이 책의 목적이 한정되어 있기 때문에, 바울이 적어도 두 가지 뚜렷하고 반대되는 관점, 즉 하나는 긍정적인 면이고 다른 하나는 부정적인 면에서 율법을 보고 있다는 신약 성경학자들의 견해를 따르려고 한다. 모울(C. F. D. Moule)은 다음과 같이 말했다. "바울은 분명히 율법을 각각 '계시적'인 측면과 '율법적'인 측면이라고 할 수 있는 두 가지 뚜렷하게 다른 의미로 사용하고 있다."[2]

바울은 때때로 율법을 우리의 삶에 대한 하나님의 뜻을 나타내 주는 선하고 유용한 어떤 것으로 설명하고 있다. 하나님의 거룩한 율법은 우리 하나님 그리고 이웃과의 관계가 어떠해야 하는가를 보여주는 십계명에 요약되고 상징되어 있다. 이러한 점에서 하나님의 율법은 타락한 세상에서 살아가려고 할 때에 우리에게 주시는 하나님의 은혜로운 선물이다. 그래서 바울은 디모데에게 "사람이 율법을 법 있게 쓰면 율법은 선한 것인 줄 우리는 아노라"(딤전 1:8)고 말하고 있다. 율법은 그리스도에 대한 우리의 믿음을 준비시켜 주는 교정적인 기능을 할 것이다(갈 3:19~25). 바울은 또한 커다란 사회를 통제하기 위하여 율법이 필요했다고 믿었다(딤전 1:9). 이러한 긍정적인 면에서 "율법도 거룩하며 계명도 거룩하며 의로우며 선하고…우리가 율법은 신령한 줄"(롬 7:12, 14) 아는 것이다.

그러나 바울은 이보다 더 자주 율법에 대해서 부정적인 용어로 말하였다. 이것은 특히 그가 어떻게 우리가 하나님 앞에서 의로워질 수 있는가 그리고 죄책감과 수치심으로부터 자유할 수 있는가를 설명할 때에 그렇다. 바울은 그리스도를 믿기 전, 즉 회심하기 전에는 스스로 율법을 준수함으로써 의롭다 함을 얻고 죄책감과 수치심으로부터 자유함을 얻을 수 있다고 생각하였다. 부활하신 그리스도와의 만남은 하나님 앞에서 의롭다 함을 얻고자 할 때에 자신의 노력은 아무것도 아니라는 통찰력을 얻게 해 주었다. 그의 죄책감과 수치심으로부터의 진정한 의로움과 자유는 하나님의 은혜의 선물로만 가능했다. 그는 그리스도를 얻기 위해서는 자신의 율법 준수가 부질없는 것이라고 여기게 되었고, "내가 가진 의는 율법에서 난 것이 아니요 오직 그리스도를 믿음으로 말미암은 것이니 곧 믿음으로 하나님께로서 난 의라"(빌 3:9)고 고백하였다.

그리스도의 오심은 하나님 앞에서 의롭게 되기 위한 율법의 역할에 대해 바울이 가르쳐 왔던 모든 것을 종결시켰다. 율법을 통하여 의롭다 함을 발견하는 대신에, 그것은 생생한 저주를 의미하며, 그 저주 아래 살고 있다는 것을 깨달았다. "무릇 율법 행위에 속한 자들은 저주 아래 있나니 기록된바 누구든지 율법 책에 기록된 대로 온갖 일을 항상 행하지 아니하는 자는 저주 아래 있는 자라 하였음이라"(갈 3:10). 바울은 아무도 613개의 명령들과 금지규정을 완벽하게 지킬 수 없다는 것을 깨달았다. 그래서 율법은 모든 사람을 죄인으로 만드는 것이다.

바울과 또한 그와 같이 하나님께 용납되는 길로서 율법을 도외시하는 사람들은 곧잘 "죄에 대하여 너무 관대하다"는 '도덕률 초월론자'로 비난을 받게 된다. 진실은 정반대이다. 바울 역시 진지하게 죄의 문제를 그것이 영웅적인 노력일지라도 인간의 노력을 통하여 처리할 수 있다고 생각한 적이 있었다. 로마서 5장 6~10절에서 우리는 '연약하고,' '경건치 못하고,' '죄인이며,' '원수 되었다' 고 묘사되어 있다. 죄는 우리로 하여금 우리 자신의 노력을 통해서는 하나님을 전혀 기쁘게 할 수 없게 만든다. 율법은 절대 그 자체로는 구원할 수 없다. 그것은 오직 정죄할 뿐이다.

"우리가 아직 죄인 되었을 때에 그리스도께서 우리를 위하여 죽으심으로 하나님께서 우리에게 대한 자기의 사랑을 확증하셨느니라 그러면 이제 우리가 그 피를 인하여 의롭다 하심을 얻었은즉 더욱 그로 말미암아 진노하심에서 구원을 얻을 것이니"(롬 5:8~9). 곧 깨닫게 되겠지만, 우리는 예수 그리스도를 통하여 죄책감과 깊이 자리잡은 수치심의 진노에서 구원받기 위해서 얼마나 더 노력해야만 하는가?

우리가 의를 행하고 의로워지기 위해서 얼마나 노력하고 갈망하든지간에 그것은 전혀 소용이 없다. 수치심은 언제나 가까이에 있으며, 자기혐오는 바로 그 옆에 있다. 용납과 용서를 얻기 위한 단순한 방법은 없다. 그러한 것이 있다면, 그것은 누군가 대신 지불한 값없는 대가를 바라지 않는 선물로서 온다.

우리가 알고 있는 바와 같이 그리스도는 율법을 유익하게 사용하실 것이다. 그러나 바울은 율법이 하나님의 (혹은 어느 누구의) 용납과 인정 혹은 호의를 얻기 위한 형식에 구애되는 방법으로는 결코 사용될 수 없다고 주장하고 있다(롬 10; 갈 2:16, 21; 3:13; 빌3:9).

바울이 사용한 헬라어에는 **율법적인, 율법주의자, 율법주의** 등과 상응하는 단어가 없다. 그러나 바울이 율법을 비난하는 말을 할 때, 그는 우리가 율법주의라고 부르는 것을 염두에 두고 있었다. 지도자들이 그들의 추종자들을 조종하기 위하여 율법(로마서 7:6 혹은 골로새서 2:14에서와 같이 쓰여진 의문)을 사용할 때마다 그것은 영적 학대의 가장 으뜸가는 도구가 된다. 권위주의적인 지도자들은 율법을 잘못 사용할 뿐만 아니라 사람들에 대한 자신들의 통제를 강화하기 위하여 "반드시 해야 한다"는 자신들의 의무 규정을 첨가시킨다. 밑바탕에 수치심을 가지고 있는 추종자들에게 이러한 율법들은 자책감의 내재적

원리가 된다.

바울은 하나님께 혹은 사람들의 인정을 받기 위해서는 좀더 열심히 일하고 노력해야 한다고 요구하는 내적, 외적인 음성을 '저주'라고 설명하고 있다. 학대하는 교회에 대한 론 엔로쓰의 연구는 어떻게 율법주의가 죄책감과 수치심의 조종을 통하여 사람들을 저주하고 통제하는 목적에 효과적인가를 보여주고 있다. 그는 다음과 같이 말한다. "기독교 규범을 지켜야 한다는 선입관은 교인들의 죄책감을 강화시키고 그것은 학대자들에게 힘을 주는 효과적인 통제 기제로 작용한다."[3]

## 율법으로부터의 자유

적절하게 선포되고 이해된 예수 그리스도의 복음은 율법의 오용에 대한 유일한 치료제이다. 복음은 영적 학대의 으뜸가는 도구인 율법주의를 무효화시키는 유일한 수단이다. 우리가 예수님의 숭고한 삶과 죽음과 부활을 통하여 전적으로 하나님께 용납되었다는 것을 알 때 모든 종교적인 율법은 우리에 대한 조종하는 힘을 상실한다.

바울이 자책으로부터의 우리의 해방과 율법주의의 억압으로부터의 해방을 선언할 때, 그는 종종 율법에 대한 우리의 죽음을 언급한다. 이것에 대한 가장 흥미롭고 도움이 되는 예는 로마서 7장 1~4절이다. 바울은 여기서 사실상 우리가 율법과 결혼을 했었으며, 그 통제 아래 있었다고 말한다. 그러나, 이제 그리스도 안에서 우리는 학대하는 배우자에 대하여 죽고, 그리스도와 결혼을 하였으며, 우리가 맺고 있는 열매는 그분의 열매이다.

「적과의 동침」이라는 영화에서 줄리아 로버츠는 통제하고 독재적이고 정력적인 사업가와 결혼한 여인의 역할이었다. 모든 세심한 바리새인처럼 남편은 사소한 일에 대해서까지 얽매여있는 사람이었다. 그는 아내에게 화장실의 수건을 바르게 걸어 놓도록 요구하고 여러 사람 앞에서는 완벽하게 보이도록 요구하였다. 그녀가 우연히 그의 규칙 (다시 말하자면, '율법')을 어겼을 때 그는 언어적으로, 정서적으로, 그리고 신체적으로 그녀에게 벌을 주었다. 그녀에 대한 그의 학대는 그녀가 삶을 전혀 견딜 수 없게 만들었다.

그녀는 그로부터 해방되어야만 했다. 이혼은 전혀 불가능했다. 그는 이혼을 허락하기에는 너무 소유욕이 많고 강력했다. 남편에게서 안전한 자유를 얻기 위해서는 오직 한가지 죽는 것뿐이었다. 그래서 그녀는 자신이 죽은 것처럼 속였다. 자신이 죽은 것처럼 하는데 성공한 그녀는 수백 마일 떨어진 다른 도시로 도망을 가서 새로운 사람으로 살아가게 된다. '죽음'에 의해서 그녀는 외관상으로는 자신의 고통스러운 삶으로부터 벗어날 수 있었다.

그 영화의 스토리 중에서 여기까지는 바울이 깨달은 율법에 대한 우리의 죽음을 설명해 주는 좋은 예화이다.

> 형제들아, 내가 법 아는 자들에게 말하노니 너희는 율법이 사람의 살 동안만 그를 주관하는 줄 알지 못하느냐. 남편 있는 여인이 그 남편 생전에는 법으로 그에게 매인 바 되나 만일 그 남편이 죽으면 남편의 법에서 벗어났느니라 그러므로 만일 그 남편 생전에 다른 남자에게 가면 음부라 이르되 남편이 죽으면 그 법에서 자유케 되나니 다른 남자에게 갈지라도 음부가 되지 아니하느니라 그러므로 내 형제들아 너희도 그리스도의 몸으로 말미암아 율법에 대하여 죽임을 당하였으니 이는 다른 이 곧 죽은 자 가운데서 살아나신 이에게 가서 우리로 하나님을 위하여 열매를 맺히게 하려 함이니라(롬 7:1~4).

어떻게 남편이나 아내의 죽음이 법적인 의무를 해소하는지에 대한 이

실례의 배경은 "죄가 너희를 주관치 못하리니 이는 너희가 법 아래 있지 아니하고 은혜 아래 있음이니라"는 로마서 6:14절에서 발견된다. 율법은 죄를 규정하고, 우리가 죄를 지을 때에 그것을 고소한다. 율법은 우리의 범죄함을 확인시켜 주고, 우리로 하여금 죄의 굴레에 얽매이게 한다. 율법이 우리의 주인이 되는 한, 우리는 죄인이라는 고소를 지속적으로 받기 쉽다. 이러한 억압과 자책감에서 벗어나는 유일한 길은 율법과의 근본적인 단절이다.

바울은 이것이 죽음을 통하여 일어난다고 설명한다. 복음의 가장 놀라운 신비는 우리가 예수 그리스도의 삶과 죽음과 부활로 인하여 실제로 '그리스도 안'에 있다는 것이다. 우리는 진정으로 그의 경험 심지어는 죽음의 경험에 동참한다.

> 그러므로 우리가 그의 죽으심과 합하여 세례를 받음으로 그와 함께 장사되었나니 이는 아버지의 영광으로 말미암아 그리스도를 죽은 자 가운데서 살리심과 같이 우리로 또한 새 생명 가운데서 행하게 하려 함이니라 만일 우리가 그의 죽으심을 본받아 연합한 자가 되었으면 또한 그의 부활을 본받아 연합한 자가 되리라 우리가 알거니와 우리 옛 사람이 예수와 함께 십자가에 못 박힌 것은 죄의 몸이 멸하여 다시는 우리가 죄에게 종노릇하지 아니하려 함이니 이는 죽은 자가 죄에서 벗어나 의롭다 하심을 얻었음이니라(롬 6:4~7).

"율법의 요구를 충족시켜 주는 그리스도의 죽음의 모든 효력은 우리 것이 되며, 우리는 율법이 우리에게 할당한 종노릇과 죄의 권세로부터 자유하게 된다."[4]

바울의 요점은 율법이 죽은 자가 아니라 산 자를 속박하며, 우리는 죽은 자라는 것이다. 우리는 첫 번째 배우자인 율법의 횡포로부터 근본적으로 해방되었다. 우리는 이제 새로운 배우자와 결혼할 자유를 가지고 있으며, 그를 필요로 하게 되었다. 우리의 첫 번째 결혼의 열매는 죄와 수치심이었다(롬 6:14). 그러나 두 번째 결혼의 열매는 하나님의 성품과 역사이다(롬 7:4).[5]

## 율법의 본성

이제 왜 우리가 그렇게 필사적으로 율법으로부터 벗어날 필요가 있는지를 이해하기 위하여 좀 더 자세하게 우리의 옛 배우자인 율법의 특성에 대해서 살펴보도록 하자. 먼저, 율법은 우리가 오직 그것을 어겼을 때에만 말을 한다. 그것은 오직 고소자로만 우리와 관계를 맺는다. "율법은 진노를 이루게 하나니 율법이 없는 곳에는 범함도 없느니라"(롬 4:15). 율법의 비난어린 성격은 그것이 발견되는 곳 어디서나 일관된다. 교통경찰이 우리를 부를 때, 우리는 무엇인가 법규를 어겼다는 것을 안다. 경찰은 절대로 우리의 운전을 칭찬하기 위해서 멈추게 하지 않는다. 세무서의 감사 경고를 받을 때, 그것은 우리가 잘한 것이 아니라 잘못한 것을 발견했다는 것이다. 법을 다루는 관료들은 오직 우리를 비난하고 기소하고 벌을 주기 위해 접촉한다. 적절히 운용될 때 법은 기독교인의 삶과 사회에서 어떤 위치를 차지할 수 있다. 그러나 그것은 학대하는 배우자를 만든다.

이 학대하는 배우자의 또다른 특성은 절대로 상황이나 정상을 참작하지 않는다는 것이다. 연약하거나 무지해서 율법을 어길 수도 있다. 그러나 이것은 이 배우자에게 문제가 되지 않는다. 우리가 잘못을 저질렀다면, 그 이유가 어떻든 우리는 형벌을 받아야 한다. 문제를 더 나쁘게 만드는 것은 이 냉정하고 비인간적인 배우자는 언제나 옳고 우리는 그르다는 것이다. 이 배우자는 항소하거나 협상할 수가 없다.

율법과 결혼함에 있어서 가장 비극적인 측면은 율법은 절대로 죽지 않는다는 것이다. 우리는 절대로 율법의 죽음으로 인하여 그것으로부터 자유할 수 없다. 그러므로 죽음이 우리의 유일한 희망이라면 우리가 죽어야만 한다. 그리스도 안에서 일어난 것이 바로 이것이며, 그것이 복음이다. "우리는 그의 죽으심과 합하여 세례 받은 줄을 알지 못하느뇨?"(롬 6:3). "그러므로 형제들아 너희도 그리스도의 몸으로 말미암아 율법에 대하여 죽임을 당하였으니"(롬 7:4).

만일 결혼이 배우자의 죽음으로 무효화된다면, 우리의 율법과의 첫 번째 결혼도 무효이다. 우리가 문자적으로 이 진리를 완전하게 이해한다면, 학대의 도구인 율법은 중화될 것이며 무거운 짐은 제거될 것이다. 우리가 지도자들의 조종적인 율법의 사용을 부정할 때, 우리는 회복의 길로 나아갈 수 있다. 이것이 회복은 언제나 즉각적으로 일어난다고 말하는 것은 아니다. 수치심이나 조종에 쉽게 빠지는 것을 포함한 어떤 습관들은 죽기가 어렵다.

율법의 형식주의적 사용과 율법으로부터 파생된 부가적인 의무 규정들은 하나님의 거룩한 율법의 사생아들이며 실제로 우리를 하나님으로부터 멀리 떼어놓는다. "율법주의는 우리를 그리스도를 따르는 것으로부터 십자가만으로는 충분하지 않다고 말하는 다른 복음으로 향하도록 이끈다."[6] 율법주의는 예수님께서 우리의 어깨에서 벗겨 주시려고 하셨던 가장 첫 번째 짐이다.

### 양심에 대해서

1967년 나는 미합중국 군대로 징병되었다. 군인으로서 나는 2년동안 높은 계급을 가진 권위자들에게 복종하였다. 1969년 봄 명예롭게 전역하였는데, 집으로 수송될 때까지 이틀 동안 부대 머물러 있어야만 했다. 그 이틀 동안 나는 평범한 시민이었으며, 군대의 권위로부터 자유로운 상태였다. 그러나 2년 동안 나는 권위자에게 비위를 맞추고 복종하는 데 습관이 되어 있었다. 자유로운 평범한 시민이었음에도 불구하고 나는 더 이상 문제가 되지 않는 권위자에게 계속해서 복종하였다.

많은 그리스도인들은 복음을 들었고 그것을 이해하고 믿는다고 말한다. 그러나 그들이 계속해서 영적인 학대자들의 율법적인 조종에 스스로 순응할 때, 우리는 복음을 완전히 이해하지 못한 것이라고 생각해야만 한다. 어떤이들은 시간이 필요하다. 그러므로 우리는 실제로 율법에 대해서 죽었고 더 이상 그것에 의무적일 필요가 없다는 진리를 계속해서 강조해야만 한다. 예수 그리스도를 통하여 우리가 하나님께 용납되었다는 그 용납의 근본적인 본질에 대해서 확신시켜 주는 성경구절들을 묵상하는 것은 도움이 될 수 있다.

율법의 학대하는 힘은 대부분 우리의 양심에서 온다. 양심은 우리의 동기와 행동에 대하여 심판을 선언하는 내적인 음성이다. 그것은 우리가 생각하기에 옳은 것을 행한 것에 대해서 칭찬하고 우리가 옳지 않다고 생각한 것을 행한 것에 대해서는 책망한다. 여기서 내가 "**우리가 생각하기에 옳은 것**"과 "**우리가 생각하기에 옳지 않은 것**"이라는 나의 말에 주목하라. 양심의 기능은 문화적 가치에 의하여 만들어진 컴퓨터 프로그램과 매우 유사하다. 만일 우리가 진리를 따라 우리의 양심을 프로그램화하면, 양심은 그 진리에 따라 우리를 판단할 것이다. 이 경우 우리의 양심은 우리에게 막강한 가치가 된다. 그것은 도덕적인 가치가 된다. 반대로 만일 우리가 양심을 거짓을 따라 프로그램화하면, 양심은 그 거짓에 따라 우리를 판단할 것이다. 어떤 컴퓨터 전문가가 말한 것처럼, "쓰레기를 넣으면, 쓰레기가 나온다." 이것이 왜 우리가 항상 양심만을 따라서는 안되는가를 말해 준다.

근본적으로 수치심이 바탕에 깔려 있는 사람에게 양심이란 하나의 치유할 수 없는 열려진 상처이다. 자신들이 본질적으로 잘못되었다고 믿고 있는 사람들은 자신들이 생각하고 말하고 행하는 거의 모든 것에 대해서 형벌을 주는 양심을 발견한다. 무엇을 해야 한다 혹은 하지 말아야 한다는 종교적인 규범으로 무장된 노련한 영적 학대자는 그러한 사람들에 대해서 엄청난 힘을 행사할 수 있다. 이미 수치심을 통하여 조종 받기 쉬운 상태에 있는 사람에게 더욱 무거운 종교적 짐을 지게 만든다.

이러한 연약성을 어떻게 이용하는가를 알고 있는 종교적 학대자는 그것이 성령의 판결이라고 잘못되게 말하거나 혹은 암시를 줄 것이다. 그러한 판결은 오직 더 많은 것을 하거나 더 열심히 하려는 것에 의해서만 경감될 수 있다. 지도자가 우리의 문제가 순종의 부족 때문에 일어난 것이라고 말하면, 우리는 더 순종한다. 우리의 문제가 기도의 부족 때문이라고 지도자가 생각하면, 우리는 더 열심히 기도할 것이다. 지도자가 무엇인가 부족하다고 말하면, 우리는 더 깊이 탐구한다. 우리의 죄책감과 수치심에 대한 이러한 조종의 목적은 지도자가 우리에게 원하는 방법대로 우리가 행하도록 하기 위해서이다. 여기서 나타나는 커다란 기만은 죄책감과 수치심으로부터의 해방이 우리 자신의 노력으로 올 수 있다는 것이다. 우리에게 주어진 당근은 평화에 대한 약속이다. 우리 앞에 놓여 있는 막대기는 고통스러운 양심의 위협이다.

이런 영적 학대의 조종에 영향을 받지 않는 사람들이 있다. 한 부류는 성경 말씀처럼 "양심에 화인 맞아서" (딤전 4:2) 죄책감의 고통에 영향을 받지 않는 사람들이다. 시간이 흐름에 따라 습관적인 외식의 화인은 양심의 찌름을 무디게 만들 것이다.

다른 부류의 사람들은 욥과같이 쓰여진 법조문(의문)의 비난에 영향을 받지 않는 사람들이다. 욥은 그의 삶에 있어서 순전하고, 정직하고, 완전한 사람이었다(욥 1:1). 그러므로 그는 '고소' 하는 '친구들' 의 괴롭힘에 대해서 다음과 같이 말하면서 버틸 수 있었다.

> 나는 단정코 너희를 옳다 하지 아니하겠고 죽기 전에는 나의 순전함을 버리지 않을 것이라 내가 내 의를 굳게 잡고 놓지 아니하리니 일평생 내 마음이 나를 책망치 아니하리라(욥 27:5~6).

욥과 같은 정신력과 확신으로 개인적인 의를 주장하지 못하는 우리는 반드시 고소하는 양심과 그것을 조종하려는 권위자들로부터 우리 스스로를 방어하기 위한 다른 길을 찾아야 한다. 그 길은 그리스도와 함께 연합되었다는 이해와 그것을 실행에 옮기는 것으로만 가능하다. 그리스도를 믿는 우리는 그의 죽음만이 아니라 그의 생명도 또한 공유하고 있다. 우리는 무덤을 넘어 우리를 기다리고 있는 그리스도의 부활하신 생명에 함께 참여하고 있다. 우리는 또한 그리스도의 지상에서의 삶의 공적에 함께 참여하고 있다(롬 5:17).

　우리의 지상의 선조인 첫째 아담은 범죄하였으며, 그 결과들은 죄책감과 수치심과 사망이었다. 아담의 후손인 우리 모두는 죄와 죄책감을 공유하고 있으며, 그 결과로 오는 심판도 공유하고 있다. "아담 안에서 모든 사람이 죽은 것과 같이"(고전 15:22). 그러나 둘째 아담인 예수 그리스도는 동정녀에게 탄생하셨으며, 아담의 혈통이 아니다. 그는 하나님 앞에 완전한 순종의 삶을 살았으며, 아담의 범죄함을 나누지 않았다. 실제로 그의 삶은 근본적으로 첫째 아담의 불순종과 그로 인한 영향을 반전시켜 놓았다. 고린도전서 15장 22절은 우리에게 "그리스도 안에서 모든 사람이 삶을 얻으리라"고 말한다.

또 이 선물은 범죄한 한 사람으로 말미암은 것과 같지 아니하니 심판은 한 사람을 인하여 정죄에 이르렀으나 은사는 많은 범죄를 인하여 의롭다 하심에 이름이니라 한 사람의 범죄를 인하여 사망이 그 한 사람으로 말미암아 왕노릇 하였은즉 더욱 은혜와 의의 선물을 넘치게 받는 자들이 한 분 예수 그리스도로 말미암아 생명 안에서 왕노릇하리로다"(롬 5:16~17).

아담의 죄는 우리 모든 사람을 고소하였다. 이것을 바꾸기 위해서 둘째 아담인 예수 그리스도의 순종은 '칭의'를 가져왔다. 그러므로 우리가 지적으로 '하나님의 풍부한 은혜의 양식과 의의 선물'을 받아들일 때, 우리는 "오직 한 사람 예수 그리스도를 통하여 생명을 얻게 될 것이다."

'의' (거룩하신 하나님 앞에서 옳게 섬)는 우리를 향하신 하나님의 풍성하신 은혜의 선물이다. 이 선물은 절대로 우리의 옳고 그른 공로에 의하여 주어지는 것이 아니다. 그것은 전적으로 예수 그리스도의 공로에 의하여 주어지는 것이다. 우리에게 주신 하나님의 의의 선물은 그리스도의 완전한 순종의 삶의 공로가 이제 우리에게 보증되었다는 것을 의미한다. 우리가 첫째 아담의 이 땅에서의 경험에 함께 참여했던 것처럼 이제 우리는 둘째 아담의 이 땅에서의 경험을 함께 나누고 있는 것이다.

다른 면에서 보면, 우리는 하나님께 완전하게 순종하지 않았지만 예수님께서는 그렇게 하셨으며, 하나님의 눈으로 보면, 그의 성공이 우리의 실패를 보상해 주었다는 것을 의미한다. 우리는 기도하지 않고, 사랑하지 않고, 예배하지 않고, 용서하지 않고 혹은 완전하게 고통을 겪지 않았지만, 예수님은 그리하셨으며, 그의 공로는 우리에게 보증이 되었다. 이것은 마치 전부 만점인 그의 점수가 우리의 성적표로 옮겨

온 것과 같다.

"그리스도는 모든 믿는 자에게 의를 이루기 위하여 율법의 마침이 되시니라"(롬 10:4). 더 이상 어떤 율법도 수치심의 도구가 되어 우리를 속박하지 못한다. 진실로 그리스도 예수 안에 있는 자에게는 전혀 정죄함이 없다(롬 8:1).

만일 우리가 이것을 확신한다면, 죄책감의 조종에 쉽게 빠지도록 만드는 수치심은 중화될 것이다. 우리가 죄를 짓는다는 것도 맞고, 우리는 매일 회개하면서 살아야 한다는 것도 맞는 말이다. 그러나 우리는 우리의 죄와 실패에 대해서 회개할 뿐만 아니라 우리의 의와 성공에 대해서도 그렇게 해야 한다. 회개는 용서가 필요한 우리의 악뿐 아니라 우리의 덕행에 대해서도 필요한데, 그 이유는 우리 모두는 완전하지 못하기 때문이다. 그것이 선하든 혹은 악하든, 우리의 선행은 우리에 대한 하나님의 용납에 할 수 있는 것이 아무것도 없다. 우리는 그리스도 안에서 구원을 받는 것과 똑같이 그리스도 밖에 있으면 멸망을 받는다. 이 복음을 붙잡는 것이 우리를 연약하게 만드는 수치심으로부터 우리를 자유하게 한다.

바울은 우리가 반드시 "깨끗한 양심에 믿음의 비밀을 가진 자"(딤전 3:9)라야 한다고 말하고 있다. 이러한 믿음에 대한 깊은 진실함을 유지하고 있는 것은 실제로 우리의 양심을 정화시킨다. 순전한 양심은 예수님을 따르는 자들에게 주시는 하나님의 선물이며, 유기적인 그리스도와의 연합에 대한 성숙한 이해의 표시이다. 씨맨즈에 의하면, 이러한 사람들은 "예수 그리스도의 완전함을 받아들인 믿음을 가지고 살아가는 사람들인데, 그럼으로써 완전함은 더 이상 완전한 선행의 달성이 필요 없는 하나님과의 의로운 관계의 선물이 된다."[7]

## 고소자의 처리

　불완전한 양심을 치유하고 비난을 방어하도록 우리에게 주신 하나님의 말씀의 궁극적인 무기는 그리스도의 피이다. 계시록 12장 10~11절에서 요한은 고소자(사탄)가 밤낮으로 우리를 고소한다고 말하고 있다. 고소자의 끊임없는 고소는 우선 우리의 양심을 통하여 우리에게 영향을 준다. 요한은 계속해서 우리가 '어린양의 피로써' 마귀의 고소를 패배시킨다고 말하고 있다. 성경에서 피는 언제나 폭력에 의한 죽음을 지칭하고 있다. 그러므로 계시록 12장 11절에서 '어린양의 피'는 십자가에서의 폭력에 의한 그리스도의 죽음을 지칭하는 것이다. 예수님의 죽음에 대한 바른 이해를 통하여 우리는 사탄과 영적 학대자들의 고소를 중화시킨다.

　골로새서 2장 12~15절에서 바울은 이것을 다음과 같이 설명하고 있다.

> 너희가 세례로 그리스도와 함께 장사한 바 되고 또 죽은 자들 가운데서 그를 일으키신 하나님의 역사를 믿음으로 말미암아 그 안에서 함께 일으키심을 받았느니라 또 너희의 범죄와 육체의 무할례로 죽었던 너희를 하나님이 그와 함께 살리시고 우리에게 모든 죄를 사하시고 우리를 거스르고 우리를 대적하는 의문에 쓴 증서를 도말 하시고 제하여 버리사 십자가에 못박으시고 정사와 권세를 벗어 버려 밝히 드러내시고 십자가로 승리하셨느니라

여기서 바울은 예수님의 폭력에 의한 죽음을 통하여 죄의 고소로부터 우리가 두 번 벗어났다는 것을 단호하게 주장하고 있다. 무엇보다도 우리의 죄는 사함 받았다(13절). 그리고 우리의 죄를 규정하는 근거는

소멸되었다(14절). 즉 우리를 대적하는 의문에 쓴 증서들은 예수님에 의하여 십자가에 못 박혔다. 우리의 죄가 지워졌을 뿐만이 아니라 그 죄를 규정하는 수단도 함께 영원히 사라진 것이다. 이제 고소자인 사탄은 고소하기 위한 근거가 없다. 우리를 대적할 수 있는 율법이 없다. 그러므로 우리를 고소할 수 있는 범죄가 없다. 이렇게 해서 사탄은 무장해제를 당한 것이다(15절).

그런데 비극은 조종과 통제의 수단으로 율법을 설교하는 교회 지도자들이 실은 마귀가 고소할 수 있도록 재무장시키고 있다는 것이다. 예수님께서 십자가에서 성취한 것이 종교적 율법주의에 의하여 사실상 거꾸로 되돌려졌다. 바울이 갈라디아서 4장에서 설명하고 있는 것처럼, 우리가 종교적인 율법으로 되돌아간다면, 우리는 실제로 전에 해방되었던 마귀의 영향으로 되돌아가는 것이다.

그렇다면 우리 자신을 방어하기 위해 필요한 실제적인 단계들은 무엇인가? 실제로 어떻게 해야 우리는 그리스도의 죽음으로 우리의 양심에 대한 고소자의 조종을 멈추게 할 수 있는가? 우리가 잘못을 행할 때(혹은 우리가 잘못 생각할 때), 우리의 양심은 우리를 비난하고 어떤 보상의 형태나 혹은 형벌을 요구한다. 우리의 본능적인 반응은 우리 자신을 벌주거나 혹은 다른 사람이 우리에게 벌주도록 해서 우리의 양심에 대한 대가를 치르려고 한다. 만일 우리가 진정으로 잘못을 저질렀을 경우, 옳은 반응은 회개하고 주님이나 우리가 상처를 준 사람에게 용서를 구하는 것이며, 적절한 때에 보상을 하는 것이다. 그러나 사탄과 영적 학대자들에 의하여 조종된 일반적이지만 끊임없이 괴롭히는 죄책감과 수치심이 일어날 때 우리는 우리의 양심을 향한 그리스도의 피의 특별하고 사려 깊은 적용으로 반응해야만 한다.

사탄과 교회에 숨어 있는 그의 대행자들은 그리스도의 피에 대한 믿음을 갖는 것으로부터 우리를 멀리 떼어놓으려고 시도한다. 그들은 우리가 나쁜 양심을 치료하려는 우리 자신의 노력에 초점을 맞추도록 하려고 한다. 히브리서 9장과 10장은 그러한 인간적인 노력이 전혀 소용없다는 것을 명백히 하고 있다. "이 장막은 현재까지의 비유니 이에 의지하여 드리는 예물과 제사가 섬기는 자로 그 양심상으로 온전케 할 수 없나니"(히 9:9). 아무리 권위에 복종하고, 자신을 죽이고, 하나님께 기도하거나 혹은 어떤 기관에 기부를 해도 그것은 죄책감이나 수치심으로 가득 찬 양심을 정화시켜 주지 못한다. 이러한 모든 선행들은 우리의 양심에는 아무런 소용도 없는 시도이며, 히브리서 기자가 적절하게 표현하고 있는 바와 같이 '죽은 행실'일 뿐이다.

죽은 종교적 행실 대신에 '죽은 행실'로부터 우리의 양심을 깨끗케 하기 위하여 "영원하신 성령으로 말미암아 흠없는 자기를 하나님께 드린"(히 9:14) 그리스도의 피에 우리의 믿음을 두어야 한다.

종교적인 선행은 죄책감을 경감시키지 못한다. 그것은 아무리 많은 자기 노력이 있다 해도 그것이 전혀 죄를 속죄할 수 없기 때문이다. 자기 노력이 작용한다면, "섬기는 자들이 단번에 정결케 되어 다시 죄를 깨닫는 일이 없기 때문이다"(히 10:2). 반대로 종교적인 자기 도움은 실제로 우리의 죄책감을 강화시킨다. "그러나 이 제사들은 해마다 죄를 생각하게 하는 것이 있나니 이는 황소와 염소의 피가 능히 죄를 없이하지 못함이라"(히 10:3~4). 죽은 종교적 행실은 죄로부터의 자유를 약속하지만, 그러나 반대로 우리에게 그것을 다시 생각나게 한다. 우리의 선행이 수치심과 죄로부터 우리를 구원할 수 있다는 주장은 거짓이다. 옛 속담에 "거짓말은 다리가 짧다"는 말이 있다. 그것은 거짓말은 우리와 오랫동안 함께 할 수 없을 것이며, 우리를 지원할 수 없다는 의미이다.

히브리서 기자는 우리를 영적 학대에 쉽게 빠지기 하는 죄책감(실재적인 죄책감과 상상의 죄책감)과 수치심을 치유할 수 있는 유일한 방법은 그리스도의 피라고 주장하고 있다. 그래서 우리는 하나님과 다른 사람들에게 용납되는 수단으로서의 모든 종교적인 선행으로부터 돌아서야 하는 것이다. 히브리서 기자는 그 대신에 "우리가 마음에 뿌림을 받아 양심의 악을 깨닫고 몸을 맑은 물로 씻었으니 참마음과 온전한 믿음으로 하나님께 나아가자"(히 10:22)고 말하고 있다.

바울은 "내가 하나님의 은혜를 폐하지 아니하노니 만일 의롭게 되는 것이 율법으로 말미암으면 그리스도께서 헛되이 죽으셨느니라"(갈 2:21)고 말하고 있다. 우리가 만일 종교적인 선행을 통하여 우리의 죄를 속죄할 수 있다면, 우리를 위하여 피를 흘리신 구세주가 필요 없을 것이다. 그러나 예수님은 이미 그의 피를 흘리셨다. 그런데 왜 우리가 계속해서 예수님께서 대신 고난 당하신 죄를 위하여 고통스러워해야 한단 말인가?

실제적으로 말하면, 이것은 사탄이나 영적 학대자들의 고소가 우리의 양심을 찌를 때, 그것은 가장 중요한 논쟁 거리가 아니라는 것을 의미한다. 그보다 우리는 반드시 우리가 죄인들이라는 것과 형벌을 받아야 할 필요가 있다는 것에 동의해야만 한다. 그리할 때에 우리는 믿음의 확신을 가지고 어린양의 피 곧 이미 우리를 위하여 형벌을 받으신 예수님의 죽음을 우리의 양심과 고소자를 제시할 수 있다. 양심은 죄에 대한 보상을 요구한다. 복음은 이미 그리고 영원히 완전하게 치러진 보상이다. 마틴 루터가 말한 바와 같이 "당신은 당신의 양심과 감정을 믿기보다 죄인들을 용납하신 주님께서 우리에게 말씀하고 계시는 그 말씀을 더 믿어야 한다."

## 이제 무엇을 해야 하는가

 이 책을 읽으면서, 여러분 중에 어떤 사람들은 교회에 문제가 있기는 하지만 학대하는 것은 아니라는 결론을 내렸을 것이다. 그 문제들은 영적 학대보다는 사회적인 영향의 결과로 인한 것들이다.
 또 어떤 사람들은 의심의 여지없이 자신들의 교회가 매우 심각하게 학대한다는 것을 발견했을 것이다. 당신은 이제 그 곳에 머물러 있어야 하는지, 아니면 변화시키기 위하여 싸우거나 떠나야 하는지 결정을 해야만 한다.
 또다른 사람들은 아직 의아해 하고 있을 것이다. 모두 그런 것은 아니지만, 교회에 학대 그룹이 존재하고 있다는 몇 가지 징후들이 나타날 것이다. 그 그룹들은 가능할지도 모르는 학대를 보상해 줄 것으로 보이는 장점들을 가지고 있을 것이다.
 당신의 교회를 평가하고 무엇을 해야 하는가를 결정하는 것을 돕기 위하여 마태복음 23장의 예수님의 말씀을 따라 학대적인 종교의 징후들을 간단하게 살펴보도록 하자.

1. 학대하는 지도자들은 자신들이 그룹들을 섬기기 보다는 자신들의 지위 혹은 직책에 대한 영적 권위에 기초를 두고 있다. 그들의 지도력의 형태는 권위주의이다.
2. 학대하는 교회의 지도자들은 종종 말은 이렇게 하고 행동은 저렇게 한다. 그들의 말과 행동은 일치하지 않는다.
3. 그들은 영적으로 평가하지 않고 죄책감을 느끼게 함으로써 사람들을 조종한다. 그들은 사람들의 어깨에 무거운 종교적인 짐을 지우고, 그 짐을 가볍게 해 주기 위해서는 아무것도 하지 않는다. 교회의 짐들이 점점 무거워지고 있다면, 당신은 학대적인 교회에 있다는 것을

알게 될 것이다.
4. 학대하는 지도자들은 사람들에게 좋게 보이려는 것에 정신이 팔려 있다. 그들은 겉모습을 좋게 보이려고 모든 노력을 다한다. 그들은 자신들이 잘못되었다고 말하는 어떠한 비판도 억압한다.
5. 그들은 존경받는 칭호와 그룹에서 자신들을 높여 주는 특권들을 추구한다. 그들은 스스로를 가장 최고의 자리에 올려놓는 계급을 만든다.
6. 그들의 의사 소통은 직접적이지 않다. 자신들을 방어하기 위한 말을 할 때, 그들의 말은 매우 모호해지고, 혼동스러워진다.
7. 그들은 진정으로 중요한 문제는 게을리 하기 위하여 이차적인 것을 일차적인 것으로 만든다. 그들은 종교적으로 사소한 문제들에 대해서는 세심하면서 하나님의 큰 가르침은 게을리 한다.

만일 당신의 교회가 위에 설명한 조항들에 해당되는 문제를 많이 가지고 있다면, 그것은 영적으로 학대하고 있다는 표시이다. 그러할 경우 이제 무엇인가 해야 할 것이 있다. 당신은 그대로 머물러 있을 것인지 아니면 변화시키기 위하여 싸워야 할 것인지를 선택해야 할 것이다. 그러나 고려해야 할 것은 모든 학대적인 종교 조직은 대단히 합리화를 잘하며 방어적이라는 사실이다. 학대하는 지도자들은 당신의 이성적인 반대 의견과 건설적인 비판에 대해서 전혀 반응하지 않을 것이다. 영적 학대는 절대로 혼란스러운 사고의 결과가 아니다. 그것은 힘에 대한 강력한 욕망에 의하여 일어나는 것이다.

떠나는 것이 유일한 당신의 선택이 될 것이다. 그러나 그것도 쉽지 않을 것이다.

학대하는 조직의 중요한 특징들 중의 하나는 사람들이 그 조직에서 떠나기 어렵다는 것이다. 예수님은 사람들이 자신에게서 쉽게 떠나도록 하셨다. 뒷문은 언제나 열려 있었다. 진정으로 예수님을 따르는 사람들 또한 자신을 따르던 사람들이 떠나고자 할 때에 그렇게 하도록 허락한다. 반면에 학대하는 지도자들은 이탈자가 나가지 못하도록 단단한 방어벽을 세워 놓는다.

이러한 방어벽을 넘어가기 위하여 당신은 스스로 물을 것이다. "예수님께서 바리새인들을 믿지 말고 소경의 안내를 따르지 말라고 우리에게 말씀하시지 않았던가?" 당신이 지금 파괴적인 어떤 것에 시간과 정력과 돈을 지원하고 있다는 것이 분명하다면, 스스로에게 물어보라. 당신은 가족들을 영적 학대의 독소에 계속적으로 노출시킴으로써 그들을 모험에 처하게 할 수 있는가?

어떤 때는 학대하는 지도자들을 위하여 우리가 할 수 있는 가장 좋은 일은 그들을 떠나는 것이다. 어떤 때는 학대하는 교회가 소멸하도록 놔두는 것이 가장 인간적인 행동이다.

만일 당신이 학대하는 교회를 떠나야만 한다면, 당신은 고통스러운 분노와 우울과 심지어 절망의 기간을 거쳐야 할 것이다. 이러한 것은 정상적인 반응들이다. 당신 스스로를 돌볼 시간이 필요하다. 예수님의 이름으로 "참고 견뎌라"고 말하는 친구의 선의의 권고를 조심하라. 만일 당신이 버스에 치었다면, 당신은 회복할 시간이 필요할 것이다. 당신에게 일어난 일들은 거의 다 심각한 것이다. 시간을 가져라. 당신 스스로 치유되도록 놔둬라.

끝으로, 해로운 교회의 경험 때문에 교회를 멀리하려는 유혹에 저항하라. 실제로 해로운 교회보다 좋은 교회가 더 많다. 안전하게 당신의 이야기를 말할 수 있고 치유할 수 있는 교회를 찾으라. 절대로 교회를 포기하지 말라. 하나님은 절대로 교회를 포기하지 않으신다.

## 심판의 불은 지나갔다

내가 다섯 살 때, 할아버지와 나는 바싹 말라 추수를 기다리는 120 에이커나 되는 밀밭 한가운데 서 있었다. 할아버지는 밀밭에 불이 나면 (정말로 종종 그런 일이 일어나곤 했다) 내가 어떻게 해야만 하는가에 대해서 말씀하셨는데, 절대로 뛰어서는 안된다는 것이었다. 바람을 타고 닥쳐오는 불보다 더 빨리 뛸 수 있는 사람은 없다. 뛰는 대신에 나는 즉시 내가 서 있던 곳에서 불이 나기 시작한 곳으로 가서 더 큰불이 나에게 미치지 못하도록 다 타고남은 그루터기 한가운데 서 있어야만 한다. 할아버지는 나에게 "불은 한번 지나간 곳을 다시 지나가지 못한다"고 말씀하셨다.

죄에 대한 무서운 형벌인 하나님의 심판의 불은 이미 그리스도를 통하여 지나갔다. 이제 그리스도 안에 서 있는 사람들에게는 두려워할 심판이나 고소가 없다. 그것은 불은 이미 한번 지나간 곳을 다시 지나갈 수 없기 때문이다.

우리가 복음으로 무장하고 이러한 믿음을 굳건히 붙잡고 있을 때, 우리는 순전한 양심을 가지고 기뻐할 수 있다. 때가 이르면, 마귀와 영적 학대자들의 고소는 우리를 조종하는 힘을 잃게 될 것이다. 우리는 자발성과 가벼운 마음으로 어떻게 살아가야 하는가를 배우는데 자유롭게 된다.

이 자유는 또다른 자유로 이끄는데 과거에 우리를 학대했던 사람들에 대한 쓰디쓴 감정에 대한 자유이다. 우리의 급진적인 자유와 용서에 대한 깊은 감정은 다른 모든 사람들을 자유롭게 용서할 수 있도록 우리를 자유롭게 한다.

쓰디쓴 감정의 짐은 평화와 즐거움과 자유와 생명 자체를 파괴한다. 쓴 감정은 하나님의 나라에 대하여 우리를 무력하게 만들고, 노예화하며, 쓸모 없게 만든다. 이것은 적대자의 계획이다. 이것은 적대자가 영적 학대를 조장하는 중요한 이유일 것이다. 많은 사람들은 학대의 결과로 오는 쓴 감정에 의해 무력해졌다. 그러나 용서는 영적 생명력을 회복할 수 있는 길을 열어 준다.

예수님은 우리의 어깨에서 교회에서 일어나는 학대의 짐을 가볍게 해 주시기 위해서 오신 것만이 아니라 또한 우리를 무력하게 하는 쓴 감정의 짐으로부터 우리를 구원하시려고 오셨다. 예수님은 완전하게 용서하셨고 그의 용서하는 능력은 우리 안에 내주하고 있다. 우리에게 잘못한 사람을 용서하는 것은 매우 힘들겠지만 우리와 함께 분투하는 예수님의 능력은 그것을 가능하게 한다.

모든 사람에게는 권력을 잡고자 하는 욕구가 있다.
그러나 그리스도 안에서 그것은 섬김에 대한 의지로 변화되었다.
― 도날드 블로슈

두 종류의 사랑에 의하여 형성된 두 도시가 있다.
하나는 군주들과 백성들이 통치에 대한 욕망에 의하여 다스려지는 도시이다. 다른 하나는 군주와 백성들이 사랑으로 서로 섬기는 도시이다.
― 성 어거스틴

이방인의 집권자들이 저희를 임의로 주관하고 그 대인들이 저희에게 권세를 부리는 줄을 너희가 알거니와 너희 중에는 그렇지 아니하니 너희 중에 누구든지 크고자 하는 자는 너희를 섬기는 자가 되고 너희 중에 누구든지 으뜸이 되고자 하는 자는 너희 종이 되어야 하리라.
― 예수 그리스도

우리가 너희 믿음을 주관하려는 것이 아니요
오직 너희 기쁨을 돕는 자가 되려 함이니
― 사도 바울

# 9
## 건강한 교회 지도자

**이 책의** 앞장에서 우리는 예수님으로부터 영적 학대를 확인하고 거절하는 법을 배웠다. 이것은 우리가 찾고자 할 때에 선한 지도자를 알 수 있도록 도와줄 수 있다. 만일 우리가 학대하는 지도자들에 대한 예수님의 부정적인 말씀을 긍정적인 것으로 바꾼다면, 우리는 건강하고 학대하지 않는 지도력을 정의하는 일을 시작할 수 있다.

예수님에 의하면 학대하는 지도자들은 스스로 지위와 직책에 근거를 둔 권위와 권세를 취한다(마 23:2, 7). 반대로 건강한 지도자들은 존경을 받는 칭호들을 피하고 하나님의 백성들이 가지고 있는 욕구를 효과적으로 돌본다. 이것이 학대하지 않는 종의 지도력에 의하여 나타나는 영향이다.

학대하는 지도자들은 무거운 짐을 사람들의 어깨에 지움으로써 그들을 억압하고 조종한다(마 23:4). 그들은 자신을 따르는 사람들을 통제하기 위하여 죄책감과 수치심을 일으키는 규칙과 규범들을 늘린다. 비학대적인 지도자들은 이러한 짐을 제거하며, 안식과 가볍고 쉬운 '멍에'를 위하여 예수 그리스도께 그들의 추종자들을 안내한다(마 11:28~30).

학대하는 지도자들은 보이기 위하여 모든 것을 한다(마 23:5). 그들은 높임 받는 칭호를 좋아하며, 특권을 요구하고 특별하게 취급해 줄 것을 강요한다(마 23:6~7). 그들은 영성의 외적 상징들을 과시하려고 하지만, 그들의 내면은 영적으로 죽어 있다. 그들은 자기 승진을 위하여 기만적인 언어를 사용한다. 그들에게는 하나님의 사람은 실제로 어떠해야 하는가 보다 하나님의 사람인 것처럼 보이는 것이 더 중요하다(마 23:16~22). 건강한 지도자들은 이와 반대로 그들의 모습이 어떻게 보일 것인가를 위하여 시간과 힘을 소비하지 않는다. 건강한 지도자들은 사람들 앞에 단순하고 투명하게 산다. 그들은 자신들이 의도하는 바를 말하고, 말한 것을 행한다(마 5:37).

학대하는 지도자들은 영적 가치를 뒤바꾸어 버린다. 그들은 사람들의 중요한 필요를 극소화시킴으로써 가장 중요한 것을 이차적인 것으로 만든다. 그들은 정의와 자비를 소홀히 하는 반면에 종교적인 선행에 대해서는 세심한 주의를 기울인다(마 23:23~24). 학대하지 않는 지도자들은 이와 반대로 그것이 진정한 인간적인 필요와 상충될 때에는 종교적인 조항을 버릴 준비가 되어 있다. 그들은 중요한 것을 중요하게 여긴다(마 12:9~13).

학대하는 지도자들은 예수님의 메시아적인 전체 사역을 부정함으로써, 혹은 그것을 위해서는 어떤 대가가 필요하다고 가르침으로써 사람들의 면전에서 하나님 나라의 문을 닫고 있다(마 23:13). 반대로 건강한 지도자들은 만왕의 왕께 대한 믿음을 통하여 은혜로 말미암아 우리에게 모든 것이 값없이 주어졌다는 것을 선언함으로써 하나님 나라의 문을 넓게 열어 놓고 있다.

학대하는 지도력의 형태를 양성하는 사람들은 종종 깊은 개인적 욕구를 소홀하게 여긴다. 대부분의 권위 주의자들은 두려움이 가득하고 불안정하다. 그들은 위협감을 느끼기 때문에 다른 사람들을 통제함으로써 자신들에게 안전한 환경을 만들려고 한다. 반대로 건강한 지도자들은 하나님의 용서와 그리스도를 통한 용납을 알고 있기 때문에 강한 위치에 있으면서도 다른 사람들을 사랑하고, 용납하고, 섬길 수 있다.

어떤 학대하는 지도자들은 자신의 삶의 목표가 위대한 사람이 되는 것이기 때문에 개인적인 영웅적 업적을 위하여 사람들을 이용한다. 학대하지 않는 지도자들은 하나님께 순종하며 다른 사람들의 합법적인 욕구를 충족시켜 주는 것을 자신들의 삶의 목표로 삼고 있다. 만일 영웅적 행위가 섬김의 과정에 필요하다면, 진정한 지도자는 하나님의 능력을 힘입어 그것에까지 이른다. 그러나 영웅적인 봉사를 통하여 얻어지는 탁월함은 부수적으로 얻어지는 것에 지나지 않는다.

학대하는 지도자들의 부정적인 특징들을 살펴보는 것은 우리에게 건강한 지도자들이 가지고 있는 긍정적인 특징들을 파악하는 시발점이 된다. 이제 지도력에 대한 신약 성경의 가르침을 폭넓게 살펴보도록 하자.

## 신약 성경이 가르쳐 주는 지도력

교회 정치의 구조와 기능에 대해서 토의한 우리 대부분은 신약 성경이 실제로 이 주제에 대해서 가르쳐 주고 있는 내용을 읽었을 때 매우 놀랐다. 신약 성경의 저자들은 교회 정치와 지도력에 대해서는 이상하게도 관대한 것처럼 보였다. 우리와는 다르게 누구에게 책임이 있고 어떻게 결론이 내려져야 하는가를 정하는데 거의 관심을 가지고 있지 않은 것처럼 보인다. 이러한 주제들에 대해서 언급할 때에 진지한 성경 연구자들이 본문으로부터 급진적으로 상충되는 결론들을 끌어내기는 그렇게 쉽지 않다. 로마 카톨릭, 플리마우쓰 형제단, 성공회, 침례교, 장로회 그리고 오순절 등과 같은 교파와 교단들은 서로 반대되는 교회 구조의 지원에 따라 같은 성경 구절이라 할지라도 서로 다르게 이해한다. 이러한 문제들이 교회의 질서와 지도력에 대한 성경의 '명백한 가르침' 이라고 단언하는 것을 망설이게 하는 원인이 된다.

초대 교회의 정치와 지도력의 구조는 엄격하게 정의되고 표준화되지 않았을 것이다. 그러나 한가지 분명한 것은 신약 성경 시대의 교회는 기초적인 정치 구조로 계급주의를 배척했다는 것이다. 마태복음 20장 25절에서 예수님은 제자들에게 "이방인의 집권자들이 저희를 임의로 주관하고 그 대인들이 저희에게 권세를 부리는 줄을 너희가 알거니와" 라고 말씀하셨다. 이 말씀은, 세상은 지배받는 자들을 통치하는 사람들과 함께 그 구조를 계급주의적으로 조직화한다는 의미이다. 예수님은 계속해서 다음과 같이 말씀하셨다. "너희 중에는 그렇지 아니하니 너희 중에 누구든지 크고자 하는 자는 너희를 섬기는 자가 되고" (26절). 이 말씀은, 크고자 하는 것은 좋은 것이지만, 그러나 교회에서는 효과적인 종됨에 대한 보상이 크게 되는 것이라는 의미이다.

예수님은 자신의 제자 그룹의 영적 지도자였다. 예수님은 섬기는 자로서 제자들과 함께 지내셨다. 예수님은 제자들의 발을 씻기셨다. 예수님은 제자들을 위하여 자신의 생명을 내놓으셨다. 예수님의 가르침과 종의 지도력의 모범은 혁명적이었다. 지도자가 그의 추종자들을 섬겼다! 역사상 예수님께서 보여주신 이러한 모범을 행한 다른 종교 혹은 정치는 없다.

사도행전과 서신서들은 초대 교회가 예수님의 평등주의 사상을 그대로 이어받았다는 것을 드러내 주고 있다. 신약 성경 시대의 교회에서 지도자들은 사람들과 함께 하였고 그들을 섬겼다. 그러나 해가 지나면서 원시 교회는 점점 예수님께서 책망하셨던 계급주의 구조로 되돌아갔다. 시간이 가면서 점차 사람들을 억압하고 지배하던 과거의 방법이 다시 표준이 되었다.

교회의 계급주의는 (과거나 현재나) 성직자와 평신도 사이의 첨예한 구분에서 발견된다. 전문적인 목회자(성직자)는 사람들(평신도)과 구분되어 존재한다. 성직자는 다른 규범에 의하여 행동한다. 그들은 다른 특권을 가지고 있으며, 다르게 설정된 기대에 응답하고, 다른 행위의 표준에 따라 판단된다.

성직자는 하나님의 고귀한 지혜에 접근할 특권을 가지고 있는 것처럼 생각되어진다. 지도자들이 그러한 특권들을 주장하는 반면에, 그들의 무언의 표시들은 종종 그들의 말과 모순된다. 평신도들은 실제로 '목회'라고 불리는 활동들을 수행할 것이다. 그러나 진정한 '목회'를 종종 맹렬하게 방어하고 경계심을 가지고 보호한다.

이러한 차이는 지도자들에게 교회의 계급주의 안에서 높은 지위를 주며, 자동적으로 하위에 있는 사람들을 조종하고 통제할 수 있는 힘을 그들에게 부여한다. 성직자와 평신도의 구분은 종종 학대하는 계급주의를 만드는 근본이 된다.

내가 영적 학대에 대해서 책을 쓰고 있다는 것을 알고 있는 어떤 친구가 어떤 중서부 교회의 헌법 복사본을 보내 주었다. '교회 질서의 원칙'이라는 제목의 그 사본은 다음과 같이 쓰여 있었다. "목회자와 성도 간의 관계는 서로 평등한 관계가 아니라 권위적인 관계이다. 목회자는 목자가 양을, 아버지가 자녀들에게 그리고 왕이 백성들을 다스리듯이 성도들을 지배한다."

지도자와 추종자들 간의 이러한 구분이 사라진다면, 그것은 영적 학대가 무성하도록 만드는 환경을 정화시키는데 도움이 될 것이다. 이렇게 하는 옳고 가장 효과적인 방법은 신약 성경을 단순하게 읽고 그 본문이 스스로 말하게 하는 것이다. 그러면 초대 교회에는 어떠한 종류의 계급주의도 없었다는 것이 명백해질 것이다.

## 성령 안에서의 평등

신약 성경의 교회에서 계급주의 구조들이 나타나지 않는 것은 세상으로부터 근본적으로 분리되었다는 것뿐만 아니라 구약 시대에 하나님의 백성들이 조직된 방법으로부터도 분리되었다는 것이다. 옛 계명 하에서 하나님의 백성은 맨 위에 정예의 남성 지도자들(예언자, 제사장, 왕과 그와 같은 부류들)로 구성된 계급주의 조직이었다. 이러한 지도자들은 자신들만의 규칙과 특권과 기대에 따라 백성들로부터 구별되어 존재하였다. 이러한 예언자, 제사장, 왕같은 지도자들을 규정짓는 표시는 성령으로 기름부음 받는 것이었다. 사실, 대부분의 구약시대 성인들은 성령을 받지 못했다. 성령은 오직 몇 명의 남성 장로 지도자들에게 주어졌다. 그래서 구약 성경 시대에는 이 성령과의 특권적인 관계가 지도자들을 백성들과 구별되게 하였다.

오순절날에, 옛 계약(성직자-평신도)의 구분은 성령이 모든 하나님의 백성들에게 부어짐으로써 제거되었다. 이 사건은 요엘 2장 28~29절에 이미 예언되었고, 베드로는 오순절의 성령의 강림이 요엘의 예언의 성취였다는 것을 알았다.

> 하나님이 가라사대 말세에 내가 내 영으로 모든 육체에게 부어 주리니 너희의 자녀들은 예언할 것이요 너희의 젊은이들은 환상을 보고

너희의 늙은이들은 꿈을 꾸리라 그 때에 내가 내 영으로 내 남종과
여종들에게 부어 주리니 저희가 예언할 것이요(행 2:17~18).

옛 계약에서는 오직 영으로 기름부음 받은 예언자만이 예언을 할 수 있었다. 그러나 새 계약에서는 예언을 할 수 있는 사람의 구분이 사라졌다. 이제 하나님의 백성은 모두 성령을 받았기 때문에, 모든 사람들은 예언을 기대할 수 있게 되었다.

이 성령의 공동체적 경험은 계급주의자들이 세운 다른 구분들도 또한 사라졌다는 것을 의미한다. 늙은이도 인도할 뿐만이 아니라 젊은이도 또한 그렇게 할 것이다. 유대인만이 하나님에 대해서 말하는 것이 아니라 또한 이방인도 말할 것이다. 남성 뿐만이 아니라 여성도 또한 목회자가 될 것이다. 이것이 갈라디아서 3장 28절에 나오는 바울의 철저한 반계급주의 주장의 근거이다. "너희는 유대인이나 헬라인이나 종이나 자주자나 남자나 여자 없이 다 그리스도 예수 안에서 하나이니라" 이전의 계급주의적 구조는 파괴되었고, 모든 그리스도인들은 우리 각자가 받은 한 성령에 의하여 하나가 되었다(엡 4:4~5).

새 계약에서는 지도자의 직책은 상속되지도 않으며, 특별한 계층의 사람들에게 부여되지도 않는다. 목회의 기능은 더 이상 계급주의적인 것이 아니라 카리스마적(은사를 기초로 한 것)이다. 새 계약의 성령은 자신이 선택한 사람에게 목회와 지도자의 기능을 부여하는, 요엘이 예언한 바로 그 성령이시다. 그 성령은 나이나 종족이나 성별이나 혹은 지위를 의식하지 않는다. 그분은 공동의 선을 위하여 자신의 의지에 따라 선택한 자에게 은사를 내려 주신다(고전 12:7~11). 이제 지도자의 역할은 특별한 계급의 표시라기 보다는 특별한 봉사의 형태이다. 그러므로 지도자들은 바울이 습관적으로 말하고 있는 바와 같이 '너희 가운데 있는 봉사자' 이다.

바울이 세운 지역 교회에서 계급주의적인 지도자들이 없다는 것은 어떻게 그가 교회 서신을 썼는가에 의하여 설명된다. 무엇보다도 바울은 지도자들에게 말하지 않고 교회 전체에게 직접적으로 쓰고 있다. 그가 어떤 예배의 실제에 대해서 바로잡기를 원할 때, 그는 예배 지도자들에게가 아니라 교회에 말한다. 그가 목회 문제에 대해 관심을 표현하고자 할 때, 그는 목회자가 아니라 전체 교인들을 대면하고 있다. 행정상의 문제를 다룰 때, 그는 행정가들이 아니라 전체 회중에게 직접 그의 말을 전하고 있다. 바울은 절대로 성직자 계급만을 골라내어 그들에게만 교회 문제를 설명하려고 하거나, 그들만이 그의 사도적인 지시를 받기에 합당하다고 생각하지 않았다.

바울은 몸(지도력의 은사를 포함한) 안에서 특화된 영적 은사에 대해서 말할 때, 그는 그러한 은사들 간의 절대적인 동등성을 요구하고 있다(고전 12:12~26). 사도와 예언자들과 같은 지도자들과 관계하여 그러한 은사 받음에 대하여 특별히 언급할 때, 그는 그들을 교인들에 대한 지배자라기 보다는 그들 가운에 있는 봉사자(엡 4:11~13)로 언급하고 있다.

## 계급이 없는 징계

신약 성경에는 계급이라는 말이 논리적으로 발견되리라고 예상되는 곳에서도 전혀 나타나지 않는다. 앞으로 나아가고 책임을 떠맡을 성직자 계급을 위한 시간이 있었다면, 그것은 심각한 죄에 대한 징계가 요구될 때였을 것이다. 그러나 신약 성경은 언제나 교회 징계를 지도자의 기능이라기 보다는 공동체의 문제로 소개하고 있다.

교회 징계에 대한 헌장은 마태복음 18장 15~18절이다. 그것은 "네 형제가 죄를 범하거든 가서 너와 그 사람과만 상대하여 권고하라"는 말로 시작하고 있다. 교회에서 처음 징계에 대한 권위와 의무를 가지고 있는 사람은 죄를 처음 발견한 바로 그 사람이다. 예수님은 교회 징계는 지도자의 의무라기 보다는 전체로서의 하나님의 백성들의 의무라는 것을 분명히 하고 있다. 우리는 지도자들에 대한 징계의 문제를 언급할 때 예수님께 불순종하며, 잘못된 성직자와 평신도의 구분을 아직도 지속시키고 있다.[1]

예수님과 같이 바울도 또한 교회 징계를 지도자의 기능이라기 보다는 교회의 문제로 보고 있다. 고린도 교회에서 두 가지 경우의 악명높은 죄 직면할 때(고전 5:1~13; 6:1~11), 그는 죄인들이나 혹은 지도자들에게가 아니라 교회 전체에게 말하고 있다. 그는 자신의 사도권의 문제에 대해서 말할 때 반대자들이나 교회 지도자들에게 말하지 않았다. 그보다 그는 이 문제를 잘못 다루고 있는 교회 전체를 향하여 말하고 있다. 고린도전서 5장 1~13절에는 죄를 진 사람이나 그 상대자도 언급되지 않고 있다. 하나님의 백성 전체가 잘못을 저질렀으며, 바로 그러한 교회 전체의 잘못이 바울의 가장 큰 관심사였다. 또한 6장 1~11절에서 바울은 처음 그러한 일들이 일어나게끔 허용한 교회 전체를 꾸짖은 후에 피고와 원고에게 모두에게 충고하고 있다. 이렇게 교회 징계에 대한 신약 성경 전체 가르침을 보면 지도자들은 절대로 다른 교인들의 의무보다 더 높거나 특별한 의무를 부여받지 않았다.

신약 성경은 절대적인 권위의 특별한 정치 구조를 설명하지 않는다. 오히려 초대 교회에는 성직자와 평신도의 구분이 없었으며, 아무도 그러한 것을 의도하지도 않았다는 것이 분명하다. 고든 피(Gordon Fee)가 요약하고 있는 바와 같이, "신약 성경의 지도자는 절대로 사람들과 다르거나 그 위에 스스로 군림하는 것이 아니라, 단순히 전체의 한 부분이며, 교회의 안녕을 위한 본질이 아니라 정해진 동일한 규범에 의하여 지배를 받는다. 그들은 '안수'에 의하여 구별되지 않는다. 그들의 은사는 전체 교인들 가운데 역사하는 성령의 역사의 한 부분이다."[2]

예수님과 그의 제자들이 보여준 지도력의 형태는 종됨에 기초하고 동기를 부여받는다. 그것의 목적은 적어도 모든 교회에서 예수님의 성품과 목회적 기술들을 재현하는 것이다. 그러한 지도력에 대한 보상은 지도자들과 추종자들 모두의 자유와 기쁨이다.

그러나 여기서 해야 할 중요한 경고가 있다. 그리스도의 몸의 모든 구성원들은 평등하나 그것이 우리 모두를 동일하게 만들지는 못한다. 하나님에 의하여 주어진 은사들은 공동체에 대한 특별한 봉사를 위하여 어떤 사람들을 구별하여 세운다. 의사가 되도록 부름을 받은 어떤 사람들은 특별한 교육과 훈련의 결과로 다른 사람들과 구별된다. 같은 방법으로 공적인 목회를 위하여 부름을 받은 어떤 이들은 특별한 교육과 훈련으로 다른 사람들과 구별된다. 그러나 목회자를 높이는 것은 그 훈련이 아니라, 더 숙련되고 효과적인 봉사를 위한 그들의 소명이다. 사도 베드로는 공적인 목회자들에게 다음과 같이 지시하고 있다. "너희 중에 있는 하나님의 양 무리를 치되 부득이 함으로 하지 말고 오직 하나님의 뜻을 좇아 자원함으로 하며 더러운 이를 위하여 하지 말고 오직 즐거운 뜻으로 하며 맡기운 자들에게 주장하는 자세를 하지 말고 오직 양 무리의 본이 되라"(벧전 5:2~3).

## 종의 힘

내가 회의나 세미나에서 종의 지도력에 대한 나의 견해를 설명할 때, 그곳에 참가한 목회자들은 종종 "어떻게 '종된 지도자'가 동시에 강한 지도자가 될 수 있습니까?"라고 묻는다. 목회자들은 권위와 힘에 대한 지도력의 관계에 특별한 관심을 나타낸다. 사실 공적인 목회는 스스로 지도자나 책임을 가진 사람들로 보이기를 원하는 불안정한 사람들 대다수의 관심을 끌고 있는 것으로 보인다.

쉐릴 포어비스(Cheryl Forbes)는 "크리스챠니티 투데이"(Christianity Today Inc.)사가 「리더쉽」이라는 성직자들을 위한 잡지 발간을 하면서 성직자들이 힘과 지도력의 문제에 몰두하고 있다는 사실을 가지고 얼마나 돈벌이를 하고 있는가에 대해 언급하고 있다. 그녀는 첫 번째 쟁점의 주제가 '힘과 권위'였다는 것을 우리에게 상기시켜 주고 있다. 힘과 권위에 대해서 소개하면서 발행자는 '누가 교회를 움직이는가?', '누가 권위와 힘을 가져야 하는가?'라고 묻고 있다. 편집자들은 힘이란 목회자가 반드시 가지고 있어야 할 어떤 것으로 생각하고 있다."[3]

포어비스는 첫 번째 출판물의 편집자들은 진정한 기독교 지도력의 중심 요점을 빠뜨리고 있다고 말한다. 「리더쉽」의 첫 번째 쟁점은 실제로 통제하기 위하여 행동으로 옮기고 그의 방법을 조종하도록 목회자들을 위해 실제적인 도움을 제공할 것이지만, 그러나 그것은 전혀 지도력의 본질과 진정한 지도자의 역할에 대한 신학적인 안내를 제공하지 못한다. 거기서는 종의 지도자 예수님은 발견할 수 없다."[4]

나는 「리더쉽」의 첫 번째 쟁점을 읽고서 그것이 얼마나 잘못된 근거로 진술되었는가를 분명하게 기억하고 있다. 큰 교회의 젊고 불안정한 목회자였던 나는 완수하도록 소명 받은 것을 성취하기 위해서는 통제력을 얻는 데 필요한 무엇을 해야만 한다는 충고를 믿고 있었다.

물론 교회 지도자들은 수행할 수 있는 힘이 필요하다. 그러나 지금 지도자들은 힘의 게임에 성공함으로써 권위를 얻는 것이 아니라 종이 되는 것에 성공함으로써 힘을 얻는다고 생각한다. 이 원리는 그리스도의 몸에만 적용되는 것이 아니라 세상에도 적용된다. 힘과 그 영향력은 섬기고, 또한 섬기려 하는 사람들에게 주어진다. 사람들을 잘 섬기면, 조만간에 사람들은 반드시 당신에게 권위를 부여할 것이다. 조지 그랜트(George Grant)는 정부의 기능에서도 이 원리가 작용한다는 것을 알고 있었다. "지배의 기초적인 원리가 있다. 그것은 섬김을 통해서 온다. 이 원리는 현대의 복지국가를 보면 알 수 있다. 사람들의 이름으로 자비를 공급하는 대리자는 사람들의 충성을 얻는다는 것을 정치가들과 기획자들은 알고 있다. 그러므로 '섬기는 자'가 지배권을 얻는다"[5]

세속적인 기관들도 섬김을 통한 힘을 발견하였다. 그것이 어떤 사람들에 의하여 왜곡될 수 있기 때문에, 하나님은 이 원리를 창조의 구조에 세우셨다. 종됨은 힘과 영향력을 위하여 하나님께서 정하신 길이다. 모든 사람의 가장 큰 종인 예수 그리스도는 그 길을 이끄셨다.

> 예수께서 이르시되 이방인의 임금들은 저희를 주관하며 그 집권자들은 은인이라 칭함을 받으나 너희는 그렇지 않을지니 너희 중에 큰 자는 젊은 자와 같고 두목은 섬기는 자와 같을지니라 앉아서 먹는 자가 크냐 섬기는 자가 크냐 앉아 먹는 자가 아니냐 그러나 나는 섬기는 자로 너희 중에 있노라(눅 22:25~27).

"어떻게 종이 또한 강한 지도자가 될 수 있습니까?" 라는 질문은 성경과 사회적 힘 뿐만 아니라 교회 역사에 대하여 무지하다는 것을 나타낸다. 교회 시대를 거슬러 올라가 보면 위대한 지도자들은 계급주의나 제도의 힘에 의지하지 않고 그들을 따르는 추종자들의 자원하는 지지를 의지하였다. 지도자들이 신실하고 효과적으로 섬길 때, 사람들은 더욱 자신들을 인도할 권위를 그들에게 부여한다. 대부분의 사람들은 어떤 사람이 자신들을 세우고, 자신들의 문제를 해결하는데 헌신적일 때, 그 사람은 힘을 가질 만하다는 것을 알고 있다. 진정한 종은 그들의 지도력에 대한 어떠한 두려움도 사라지게 한다.

이러한 역동성은 또한 반대로도 작용한다. 지도자들이 자신들에게 맡긴 힘을 남용하기 시작하면, 추종자들을 그 힘을 거두어들인다. 추종자들에 대한 지도자들의 이러한 종류의 책임은 사람들을 영적 학대로부터 보호할 뿐만 아니라 또한 영적 학대자들이 생겨나는 조짐을 효과적으로 알아차리도록 해준다.

교인들에 의하여 부여된 책임은 또한 예방 의학과 같은 작용을 한다. 교회가 오직 지도자들에게 허용된 힘은 섬기는 힘이라는 것을 분명히 할 때, 그와 상충되는 사람들을 어디서나 보게 될 것이다. 지도자에게 제공된 유일한 권위가 다른 사람들을 세우는 권위가 될 때, 권위주의적인 힘을 원하는 사람들은 격퇴될 것이다.

## 지도자의 스타일

진정한 지도자가 사람들을 섬기기 위하여 힘을 사용할 때, 그것이 지도력의 고정된 스타일을 의미하는 것은 아니다. 종의 마음에서 중요한 요소는 그가 직면하는 다양한 인간의 욕구들을 다룰 유연성이다. 종의 지도자는 어떤 사람에게 지시하지 않고 행동할 수 있고, 또다른 사람에게는 분명하게 반대를 표명할 수도 있다. 진정한 지도자는 다른 그룹에서는 거의 독재적으로 수행하면서 어떤 그룹에서는 여론을 따르도록 도와줄 수도 있다. 사람들의 욕구와 성숙의 정도가 종된 지도자가 어떻게 그들을 섬겨야 하는가를 결정한다.

이것은 앞에서 독재주의 지도자에 관해서 한 나의 부정적인 언급을 분명하게 할 필요가 있도록 만든다. 독재주의 지도력이 모든 상황에서

다 악한 것은 아니다. 모든 것을 새롭게 시작하는 새신자에게는 생각을 정리해 주고 설명하기 위한 권위자가 필요하다.

몇 년 전, 청소년 약물과 알콜남용자들을 섬기기 위한 도심 선교를 지도하고 있을 때, 나는 먼저 분명한 경계를 세우는 것과 사랑 두 가지가 모두 필요하다는 것을 깨달았다. 이 아이들은 삶에 대한 생각이나 자기 훈련, 시간관념 그리고 개인적인 경계가 없었다. 회심이 그들을 성숙한 성인으로 만들지 못하였다. 그들은 강하고, 직접적인 양육과 다른 성숙한 신자와 내가 그들을 위해 제공하는 사랑이 필요하였다. 그러나 성장하고 성숙하기를 원하는 그들은 곧 그렇게 행하였다. 그러한 후에야 나는 지시를 적게 하고 더욱 그들의 자유(어떤 때에는 그들이 원하는 것보다 더 많은 자유)를 주면서 격려해주기 시작하였다. 시간이 지나자 그들은 역할을 다 할 성인이 되었고, 어떤 아이들은 나와 함께 지도자의 책임을 함께 나누기도 하였다.

종된 지도자는 사랑이 그것을 요구할 때 강력하게 지시한다. 종된 지도자는 그럴 필요가 있을 때, 또 통제해야만 할 위험한 상황에 처했을 때 그렇게 할 수 있다. 그러나 제자들이 책임있게 일하기 시작하면, 부모와 자녀 간의 이전 관계는 동료 간의 우정으로 승화된다.

예수님 자신도 성숙의 정도가 사람마다 각각 다르다는 것을 알고 계셨다. 어떤 사람에게는 "가서 다시는 죄를 짓지 말라"고 하셨다. 또 어떤 사람에게는 "가서 모든 족속으로 제자를 삼으라"고 하셨다. 예수님은 가정에서 다른 식구들을 위하여 음식을 준비하고 있는 어떤 사람과 같은 '신실하고 지혜로운 종'에 대해서 말씀하였다. 신실하고 지혜로운 어떤 사람은 우유를 대접할 것이고, 어떤 사람은 고기를 대접할 것이다.

종된 지도자의 일관성은 고정된 지도자의 스타일이 아니라, 성숙의 정도나 성숙하도록 도와야 하는 사람들의 상태에 달려 있다. 그러한 지도력의 결과는 추종자나 지도자 모두에게 기쁨을 준다.

## 종됨의 열매

사도 바울이 자신의 목회 임무의 짐을 요약할 때, 그는 고린도에 있는 교회에게 다음과 같이 말했다. "우리가 너희 믿음을 주관하려는 것이 아니요 오직 너희 기쁨을 돕는 자가 되려 함이니 이는 너희가 믿음에 섰음이라"(고후 1:24). 이 짧은 구절에서 바울은 종된 지도력의 본질적인 목적을 제시해 주고 있다.

나는 사도 바울이 교회에서 일어나는 학대를 억제하는 말로 시작하고 있는 것이 대단히 흥미롭다는 것을 발견하였다. 앞에서 그는 자신의 지도력의 긍정적인 목적을 주장했고, 지도력의 잘못된 경우들에 대한 경고를 하고 있다. "너희 믿음을 주관하려는 것이 아니요" 이미 내가 말한 바와 같이 바울은 모든 사도들 중에서 가장 사도의 마음을 가진 사람이었다. 그는 절대로 자신을 따르는 사람들 위에 군림하려 하지 않았다. 그는 절대로 자신의 회심자들에 대한 주관자로 스스로의 위치를 차지하려 하지 않았다. 심지어 그는 종종 격노를 느끼는 관심사들에 대해서 그들과 논쟁을 벌일 때에도 그렇게 하지 않았다. 그는 추종자들에게 복종할 것을 요구하는 대신에 자신의 입장과 그 진실에 대해서 논쟁하였다. 자신의 권위를 강력히 주장하는 대신에 그는 자신에게 동의하도록 그들을 설득하였다. 바울의 승리는 지위의 힘에 의한 것이 아니라, 자신의 입장이 가지고 있는 힘에 의한 것이었다.

만일 바울이 자신의 교회에 대하여 주가 되지 않았다면, 그는 무엇이었는가? 고린도후서 1장 24절에 보면 그는 근본적으로 스스로를 돕는 자로 설명하고 있다. NIV 성경은 "돕는 자"(helper, *synergos*)를 "우리가 너희와 함께 일한다"는 의미로 번역하고 있다. 이런 겸손한 자기 칭호는 지도자로서의 바울의 기능을 요약해 준다. 그는 스스로를 고린도 교인들 위에 군림하는 통치자의 역할이 아니라 그들과 함께 일하는 종의 역할을 하는 자로 내주었다. 그는 사도라는 자신의 직책보다는 종으로서의 자신의 기능을 더 강조하고 있다.

바울은 고린도 교인들에게 자신의 종의 지도력에 대한 총체적인 목적을 말해 주고 있다. "오직 너희 기쁨을 돕는 자가 되려 함이라" 회심자들에게 그들의 신앙이나 거룩함 혹은 복종이 아니라 기쁨을 증진시키는 것을 자신의 가장 우선적인 책임으로 알고 있는 신약 성경 시대(그리고 모든 시대)의 가장 위대한 복음 전도자를 상상해 보라!

우리는 바울이 까다롭고 논쟁적인 고린도 교인들에게 편지를 쓰고 있다는 것을 명심해야만 한다. 바울은 자신의 편지를 통하여 재정적인 후원을 독려할 만큼 그들의 거룩함과 복종을 격려하려고 하였다. 그러나 그는 언제나 좋은 그리스도인은 무엇보다도 하나님을 아는 것과 사랑하는 자가 되어야 한다는 것을 처음부터 끝까지 견지하고 있다. 우리는 강요를 받아서가 아니라, 우리 안에 있는 하나님의 기쁨과 마찬가지로 하나님의 자비와 은혜로 말미암아 이끌림을 받았기 때문에 하나님께 나아 온 것이다. 토마스 스미스(Thomas Smith)는 바울이 그의 추종자 가운데 기쁨을 증진시키는 것을 가장 우선으로 삼고 있는 것에 대해서 다음과 같이 밝히고 있다. "그리스도인의 믿음과 삶에 대한 역동성을 이해하고 있는 사람은 하나님께서 그의 백성들에게 원하시는 것이 처음부터 끝까지 그들의 마음이라는 것을 알 것이다. 하나님은 그의 백성들에게 관심을 가지고 계시며, 동시에 스스로를 위하여 그들에게 관심 받기를 원하신다. 그러므로 기쁨은 그리스도에 대한 믿음과 그리스도를 향한 사랑과 함께 견고하게 연결되어 있는 것이다"[6]

이것을 더 단순하게 말한다면, 하나님께 나아 오는 것은 기쁨으로 나아 오는 것이다.

이것이 어떤 기독교 지도자들에게는 의아스럽게 들릴 것이다. 그러나 이것은 분명하다. 무엇보다도 하나님을 아는 것은 기쁨을 경험하는 것이다. 시편 43편 4절은 "나의 기쁨, 나의 극락의 하나님께 나아가리이다"라고 말하고 있다. 시편 16편의 기자는 11절에서 하나님께 "주께서 생명의 길로 내게 보이시리니 주의 앞에는 기쁨이 충만하고 주의 우편에는 영원한 즐거움이 있나이다"라고 말한다. 칼 바르트(Karl Barth)는 이것이 신학 연구의 목적이라고 주장하였다. "복음주의적 신학은 임마누엘, 우리와 함께 하시는 하나님에게 관심을 갖는다! 하나님이 이러한 연구의 대상이 될 때, 그것은 가장 감사하고 행복한 학문이 될 수 있다."[7] 하나님께 나아 오는 것은 기쁨으로 나아 오는 것이다.

더 나아가서, 기독교 훈련은 기쁨을 가져다준다. 성경을 읽는 곳에는 기쁨이 있다. "여호와의 교훈은 정직하여 마음을 기쁘게 하고 여호와의 계명은 순결하여 눈을 밝게 하도다"(시 19:8). 기도하는 곳에는 기쁨이 있다. 예수님께서 우리에게 기도를 가르쳐 주실 때에 다음과 같이 말씀하셨다. "지금까지는 너희가 내 이름으로 아무것도 구하지 아니하였으나 구하라 그리하면 받으리니 너희 기쁨이 충만하리라"(요 16:24). 기독교 지도력에는 기쁨이 있다. 사도 요한은 그의 추종자들을 섬기는 것에 대한 자신의 동기를 다음과 같이 고백하고 있다. "우리가 이것을 씀은 우리의 기쁨이 충만케 하려 함이라"(요일 1:4).

마지막 날에 하나님과 그의 백성을 잘 섬긴 것에 대한 보상은 기쁨이다. 바울이 데살로니가 교인들과 함께 그들 가운데서 자신의 수고에 대한 보상을 말할 때, 그는 "우리의 소망이나 기쁨이나 자랑의 면류관이 무엇이냐?"고 묻고 있다. 그는 데살로니가 교인들에게 그것은 바로 "그의 강림하실 때 우리 주 예수 앞에 너희가 아니냐한 너희는 우리의 영광이요 기쁨이니라"(살전 2:18~19)고 단언한다. 그리스도를 향한 회심은 기쁨을 향한 회심이다. 기쁨은 기독교 경험의 핵심이며, 이 기쁨은 지도자들이 그것을 다른 사람에게 촉진시킨 것에 대한 보상이다.

옛 신조를 작성한 사람들이 "남자(와 여자)에게 가장 궁극적인 목적은 하나님을 영화롭게 하는 것이요 그를 영원히 즐거워하는 것"이라고 주장하였을 때, 그들은 두 가지 서로 다른 것에 대해서 말하고 있는 것이 아니었다. 존 파이퍼(John Piper)가 주장하고 있는 것처럼, "그들은 여러 가지 '궁극적인 목적들'이 아니라 단 하나의 '궁극적인 목적'에 대해서 말하고 있는 것이다. 하나님을 영화롭게 하고 영원히 그분을 즐거워하는 것은 그들이 마음에 품고 있는 유일한 목적이었다."[8] 그리스도인들의 궁극적인 목적이 하나님을 즐거워하는 것이라면, 기독교 지도자의 궁극적인 목적은 즐거움을 촉진시키는 것이라고 말하는 바울에게 쉽게 동의해야만 할 것이다.

바울은 이러한 동일한 요점을 갈라디아에 보내는 그의 서신에서는 부정적인 어법으로 말하고 있다. 갈라디아 교회의 은혜를 소멸시키는 종교적 율법주의자들과 영적 학대자들이 바울의 회심자들의 어깨 위에 그들의 기쁨을 파괴하는 무거운 종교적 짐을 지워 놓았다. 바울은 그들에게 묻고 있다. "너희의 복(기쁨)이 지금 어디 있느냐?"(갈 4:15). 사탄으로부터 영감을 받은 영적 학대는 여러 가지 형태와 규모로 다가온다. 그것은 항상 기쁨을 공격한다. 파이퍼가 "사탄의 최고 목적은 우리 믿음의 기쁨을 파괴하는 것이다"[9] 라고 주장하였을 때, 그것은 백번 옳은 말이다.

기쁨은 예수님에 대한 믿음을 깨닫고 있는 사람들에 의해서 맺어지는 열매들 중에서 가장 최종적인 것이다. 건강한 지도자들은 기쁨을 알 것이며 그것을 자신들의 추종자들에게 촉진시킬 것이다.

교회 징계는 복음 자체에서 일어난다.
복음의 목적은 화해이며, 그 화해는 그리스도에 의해 만들어지고
죄인들에게 제공되었다.
— 존 화이트 & 켄 블루

네 형제가 죄를 범하거든 가서 너와 그 사람과만 상대하여 권고하라.
만일 들으면 네가 네 형제를 얻은 것이요.
— 예수 그리스도

# 10
## 건강한 교회의 징계

**많은** 사람들은 교회의 징계를 영적 학대의 전통적인 도구로 보고 있다. 사람들은 경험적으로 '징계'를 지도자들이 추종자들을 통제하고 벌주는 것이라고 연상한다. 그래서 "건강한 교회의 징계" 라는 말은 그들에게 모순되는 말로 보인다.

수년 전에 나는 지난 2천 년 간의 교회 징계에 대한 포괄적인 연구를 했다.[1] 내가 해답을 얻고 싶었던 가장 중요한 질문은 왜 교회 징계가 서구 교회들 가운데서 잘못 사용되도록 타락했는가 하는 것이었다.[2] 나의 연구 결과 그 첫째 이유는 과거에는 교회 징계가 종종 너무 잔인하고 파괴적이어서 역효과를 내어 많은 교회가 그것을 계속하지 않았다는 것이다.

그러나 잘못된 교회 징계에 대한 적절한 반응은 전혀 징계를 하지 않는 것이 아니라 적절하게 교회 징계를 하는 것이다. 기데스 맥그리거(Geddess MacGregor)가 말한 바와 같이 "징계가 악한 공헌을 했기 때문에 그것을 버리는 것은 예배가 잘못 드려졌기 때문에 근본적으로 예배를 폐기하는 것과 같이 온당치 못한 처사가 될 것이다."³

## 과거의 학대

만일 우리가 건강하고 비학대적인 교회 징계를 회복하려고 한다면, 우리는 먼저 과거에 잘못되었던 것을 이해할 필요가 있다. 이 영역에서 학대의 경향은 언제나 교회 징계의 목적이 너무 좁은 의미로 정의될 때 시작된다. 역사적으로 교회 징계의 첫째 목적은 성도들의 정화였다. 존 칼빈은 여러 가지 관례들을 언급하면서 징계의 주된 목적은, (1) 그리스도인이라고 불릴 수 없고 주님의 만찬에 참여할 수 없는 불결하고 수치스러운 사람들을 인도하고, (2) 선한 사람들이 사악한 무리에 의하여 타락하지 않게 하기 위한 것이라고 주장하였다.⁴

말하자면, 교회의 징계는 교회 전체의 정결성을 유지하고 교인들의 도덕적 타락을 방지하기 위한 것이라는 의미이다. 현대 신학자인 버카우어(G. C. berkouwer)는 징계란 첫째로 회중들의 정결성을 증진시키기 위한 것이라는 교회의 역사적인 관점을 되풀이하고 있다. "성전을 더럽히고 하나님의 거룩하신 이름을 모독하는 죄가 들어왔을 때, '너 자신들을 신성하게 하라. 그러면 거룩해질 것이다. 나는 너희 하나님 주이기 때문이다'라는 훈계가 따른다. 신약 성경의 징계는 교회의 거룩성과 매우 밀접하게 연결되어 있다."⁵

교회 징계의 역사는 우리가 부도덕하다고 인정되는 격렬하고 잔인한 평가를 지도자들이 해야하는 전체적이며 개인적인 거룩성에 대한 남다른 관심을 보여주고 있다. 어떤 극단적인 경우는 부도덕한 사람은 사형을 집행함으로써 교회로부터 제거되었다. 스페인의 종교 재판소가 하나의 예이다.

성경이 회중의 거룩성과 교회 징계와의 관련을 설명하면서(고전 5:1~13), 그보다 선행되어야 할 다른 동기가 존재한다는 것을 가르쳐 주고 있다. 이것들은 (1) 범죄자를 진정한 제자도로 되돌아오도록 초청하는 것과, (2) 범죄함으로 인하여 더럽혀진 개인적인 관계를 회복하는 것이다(마 18:15~18).[6] 만일 교회 징계에 관한 우리의 목적이 우선적으로 그리스도와 교회와 범죄자들의 관계를 회복시키는 것이라면, 우리는 그들을 돌보고 존경하면서 다루어야 할 필요가 있다.

비록 교회 징계가 지난 세기 동안 서구 교회에서 폭넓게 실천되지 않았을지라도, 최근 수년간에 그것은 되살아나고 있다. 그러나, 불행하게도 어떤 교회들은 역사로부터 배우지 않았다. 그들은 단순히 추종자들을 통제하는 행위의 수단으로 교회 징계의 개념을 이해하고 있다.

### 학대하는 징계의 예

내 친구 중의 한 명이 최근에 그 전에 출석하였던 교회 안에서 어떻게 징계가 이루어졌는가에 대한 으스스한 이야기를 해 주었다. 이 교회는 보수적이며 교리적으로 정통파였다. 그 교회의 믿음에 대한 성명을 읽은 사람들은 아무도 거기에 잘못이 없다고 생각하려 하였다. 그러나 150명이 속해 있는 이 집단의 목사는 독재주의적이며 전횡적인 사람이었다. 그는 자신을 방어하고 힘을 나눌 소수의 지지자 집단을 자신의 주변에 모았다. 목회자와 이러한 지원적인 지도자들은 나머지 교인들을 억제하기 위하여 소위 '교정하는 교회 징계'를 사용하였다. 그들은 누군가가 정해 놓은 선을 넘어선 것을 발견하였을 때(이것은 교회의 교리적인 믿음이나 혹은 행동에 대한 상세한 규약으로부터 빗

나가는 것이다), 지도자들은 하나의 집단으로서 '교정하는 징계'를 시작한다.

 징계 과정의 첫 번째 단계를 시작할 때, 그 목사와 적어도 다른 한 명의 지도자는 범죄자로 단정된 자의 집을 방문한다. 목사와 그의 보조자(들)는 그 사람에게 무엇이 잘못인지를 설명하고 변화를 요구한다. 예상대로 고소를 당한 사람이 지도자들과 완전한 의견의 일치를 보게 되면 신속하게 지시된 변화를 가져올 약속을 한다. 단정된 죄나 혹은 요구된 변화에 대하여 전적인 동의가 없을 경우, 혹은 고소 당한 자가 그 과정에서 '순종하는 정신'을 보이지 않을 경우, 징계의 두 번째 단계가 진행되었다.

 이 두 번째 단계는 피의자가 '징계 아래'에 있다는 것을 전체 교회에 공고하는 것이었다. 범죄자는 성찬식으로부터 제외되며, 주일 아침의 공적인 모임을 제외한 모든 교회의 모임에서 제외되었다. 교회의 모든 구성원들은 피의자와의 접촉이 제한되었다. 그 사람이 교회 사역자의 한 사람인 경우, 그는 즉각 사역에서 제외되었다. 범죄자는 그 목사와 그의 지지자들이 징계상의 처벌을 거둘 때까지 '징계 상태'에 남아 있었다.

 명문화하지 않은 사실상의 추방의 기간이 지난 후에 그 목사와 그의 보조자들은 징계의 정도가 만족할 만한 효과를 나타냈는지 아닌지를 결정하였다. 만일 만족할 만하지 않았을 경우, 징계된 사람은 '불복종'의 죄 즉 '권위를 모독한 죄'를 범한 것으로 간주되었다. 이 죄는 파문을 받을 만한 죄였다.

 파문은 그것을 결정할 목적으로 소집된 회중들의 모임에 의하여 수행되었다. 피의자는 출석을 요구받지만, 그러나 실제로 출석하는 경우는 드물었다. 그 목사와 그의 지지자들은 모임 장소의 앞에 회중들을 바라보고 서 있었다. 그들 앞에는 여러 개의 불을 밝힌 촛불이 있는 책상이 놓여 있었다.

범죄자의 죄가 공개적으로 선포되고 그 죄인을 교정하기 위한 지도자들의 노력에 대한 평가가 있은 후에 목회자는 촛불 중의 하나를 집어 그것을 돌린 후 불을 껐다. 그리고 나서 그는 "우리는 육체의 파멸을 위하여 당신을 사탄에게 넘긴다" 라고 말하였다.

나의 친구는 이러한 모임의 한 사람으로 참석했었다. 그는 두려움을 느꼈으며, 다른 사람들의 경우 그 두려움이 컸다고 말했다. 그는 나에게 "단 한번만이라도 그것을 본다면 절대로 당신에게 그러한 일이 일어나지 않기를 원할 것이다. 그 두려움은 당신을 지도자들이 원하는 노선을 빨리 받아들이도록 만들 것이다" 라고 말했다.

이 교회가 모든 면에서 성경을 거역하고 있다는 것을 우리는 즉각적으로 알 수 있다. 그리고 그 결과가 악하였다는 것은 우리에게 절대로 놀라운 일이 아니다. 그러나 이 교회의 예는 연구에 도움이 된다. 왜냐하면 우리는 이 학대의 과정을 성경의 가르침과 대조해 볼 수 있고 건강한 교회 징계가 어떠한 것이어야 하는지 더 분명하게 이해할 수 있기 때문이다.

## 징계에 대한 예수님의 지침

교회 징계를 가르치는 가장 중요한 본문은 마태복음 18장 15~18절의 예수님의 가르침이다.

> 네 형제가 죄를 범하거든 가서 너와 그 사람과만 상대하여 권고하라 만일 들으면 네가 그 형제를 얻은 것이요 만일 듣지 않거든 한 두 사람을 데리고 가서 두세 증인의 입으로 말마다 증참케 하라 만일 그들의 말도 듣지 않거든 교회에 말하고 교회의 말도 듣지 않거든 이

방인과 세리와 같이 여기라 진실로 너희에게 이르노니 무엇이든지 너희가 땅에서 매면 하늘에서도 매일 것이요 무엇이든지 땅에서 풀면 하늘에서도 풀리리라

내 친구가 설명한 교회는 위에서 아래로 지도자에 의하여 시작된 과정으로 징계를 보는 출발상의 잘못을 범하였다. 그 교회의 지도자들은 누가 언제 징계를 받아야 할 것인가를 결정하는 책임을 혼자 가지고 있었다. 이 오류는 종종 학대하는 교회 징계가 진행될 때에 일어나는 문제이다.

반대로 예수님은 교회 징계는 지도자들만의 책임이 아니라 교회 전체의 책임이라고 말하고 있다. 범죄하였다고 여겨지는 사람에게 다가가야 할 첫 번째 필요를 가진 사람은 그 죄를 처음 알게 된 사람이다. "네 형제가 죄를 범하거든 가서 너와 그 사람과만 상대하여 권고하라" 여기에 징계가 윗사람과 아랫사람, 지도자와 지도받는자 간의 문제라는 아무런 암시가 없다. 그보다 그것은 형제 자매들 가운데서 일어나는 것이다.

학대하는 교회 징계의 예에서 저지른 두 번째 오류는 첫 번째 징계의 접근이 목회자와 적어도 한 명의 협력 지도자에 의하여 되어졌다는 것이다. 예수님은 분명하게 첫 번째 접근이 비밀스럽게 되어져야 한다고 말씀하셨다. "너와 그 사람과만 상대하여 권고하라" 이 초기의 비밀은 그 죄가 소문과 불필요한 상처를 조장하는 공개적인 것이 되지 않도록 보호하기 위한 것이다.

학대하는 교회 징계의 예에서 징계의 주요 동기는 교회의 이데올로기와 행동 규범으로부터 이탈한 추종자를 바로잡고 필요하다면 벌하기 위한 것이었다. 부득이하게 오염의 퍼짐을 방지하기 위하여 이탈자를 추방할 수도 있었다. 예수님의 가르침은 전혀 다른 관점을 나타내

고 있다.

마태복음 18장 15~17절은 잃은 양 한 마리를 찾는 목자의 이야기(10~14절) 다음에 이어지고 있다. 범죄한 것으로 여겨지는 형제는 동료로부터 떨어져 방황하는 양과 같이 여겨지고 있다. 이것을 처음 알게 된 사람은 방황하는 자를 되돌아오도록 하려는 선한 목자와 같이 행동해야 한다. 첫 번째 징계의 접근의 동기는 교회에서 오염을 제거하려는 것이 아니라 잃은 양을 되돌아오도록 이끌려는 것이어야 한다. 우선적인 관심은 사람 자체이지 죄가 아니다. 예수님께서 말씀하신 바와 같이 "만일 들으면(여러분의 첫 번째 징계를 위한 접근에서 긍정적으로 반응하면) 네가 네 형제를 얻은 것이다" 죄는 친교를 억압하고 상처를 준다. 죄에 대해 성공적으로 직면하는 것은 이 억압과 상처를 제거하고 화해를 촉진한다.

학대하는 교회 징계의 예에서 지도자들은 첫 번째 만남에서 직접 공개하는 발표 조치를 취했고 파문으로 몰고 갔다. 예수님의 가르침에서 방황하는 양과의 우선적이며 비밀스러운 시도는 화해라는 같은 목적을 위한 적어도 한번 이상의 만남이 있어야 한다. "만일 듣지 않거든 한두 사람을 데리고 가서"(16절). 첫 번째 만남에서 관계의 회복이 일어나지 않을 경우 두세 명의 다른 사람과의 두 번째 만남이 효과적일 수 있다.

일대일 만남의 동기와 정신에 대하여 내가 전에 말한 모든 것은 이 두 번째, 작은 그룹과의 만남에 적용된다. 화해를 시도하는 이 두 번째 만남에 두세 사람을 더하는 것은 부가적인 통찰력을 제공해 준다. 그것은 다른 사람에게 실제로 징계를 과도하게 시작하거나 잘못 판단한 사람이 있을 수 있기 때문이다. 두세 사람의 상담자는 이것을 파악할 수 있다. 범죄한 것으로 여겨지는 사람이 실제로 어떤 태도와 행동에 회개한 것이 드러날 경우, 상담자들은 첫 번째 사람의 관심사에 대하여 그들을 설득한다. 그러나 이 수준에서 쟁점은 가능한 가장 작은 범위 안에 담아져야 한다. 그렇게 하는 것은 더 큰 교회 안에서의 관계에 불필요한 소진과 분열을 방지하기 위한 것이다. 이러한 비밀스럽고 공적인 모임들은 파문을 위한 준비의 성격이 아니다. 이 모임의 목적은 불필요한 추방을 방지하기 위한 것이다.

마지막 단계는 "만일 그들의 말도 듣지 않거든 교회에 말하고"(17절)이다. 모든 앞의 과정이 적절하게 진행되었다면 이 마지막 단계는 거의 불필요하다. 그러나 드물게 우리는 문제를 교회 전체로 가지고 나가야 할 것이다. 우리가 그렇게 할 때, 그것은 내 친구가 말한 학대하는 교회의 이야기처럼 파문을 위한 것과 같은 것은 아니다. 학대하는 교회의 그 파문을 위한 예배는 파문하기 위해 소집되었다. 마태복음 18장 17절에서 교회 예배는 '방황하는 형제'를 친교로 되돌아오도록 하는 임무에 무게를 더하기 위하여 함께 교회의 지체로 모이는 것이다. 그것은 방황하는 자를 돌아오게 하도록 시도하는 무리의 마지막 방법이다.

징계의 이 마지막 단계를 집행하는 것이 지도자의 책임도 아니고 특권도 아니다. 이 먼저 행한 몇 가지 단계가 교회 전체에 속한 것처럼 이 마지막 행동도 교회 전체에 속한 것이다. 마태복음 18장에 대해서 언급하면서 한스 큉(Hans Küng)은 다음과 같이 주장하고 있다. "용서하는 권위를 가진 것은 전체 교회, 전체 공동체이다. 마지막 심판들, 부분적으로 부정적인 것들은 공동체의 책임이다."[7]

만일 공동체가 죄인을 화해시키는데 실패하고, 잃은 양이 그대로 잃은 상태로 남아 있기를 고집한다면, 그 교회는 그를 "이방인과 세리와 같이 여길 것이다"(17절). 학대하는 교회의 예에서 이것은 그 사람을 사탄에게 넘겨주고 더 이상 존재하지 않는 것처럼 여기는 것을 의미하였다. 이것은 예수님께서 의도하셨던 것을 어렵게 만들 것이다. 우리는 그를 세리로 취급하는 것이 무엇을 의미하는지 알고 있다. 예수님은 그들을 죽은 자처럼 여기지 않았으며, 그들을 사탄에게 넘겨주지도 않았다. 예수님은 그들을 쫓아가서, 그들과 대화하였으며, 자신을 따르도록 그들을 불렀다(마 9:9). 예수님은 진정한 회개와 믿음 없이는 그들을 진정한 제자로 여기지 않으셨다. 그러나 그들이 언젠가는 회개하고 믿음을 가질 것이라는 희망을 가지고 그들에게 계속 말씀하셨다.

교회가 예수님을 따르길 원한다면, 우리 교회의 징계는 효력을 가질 것이다. 결국에는 회개하지 않은 죄인들과의 친교의 패턴에 형식적인 제동이 있게 될 것이다. 그러나 우리는 문을 열고 그들이 돌아오기를 기다릴 것이다. 돌아온 탕자의 비유는 그릇된 형제 자매들에 대하여 우리가 가져야 하는 태도와 희망에 대한 예수님의 가장 분명한 설명이다.

> 바로잡는 교회 징계는 죄가 소외를 가져온다는 것을 인지하는 것에서 시작된다. 그 자체가 소외를 극복하는 데 공헌을 한다. 그러나 그 목적에 실패할 경우, 교회는 탕자의 비유에 나오는 아버지처럼 절대로 기다림을 그만 두지 않고 탕자가 돌아오기를 기다린다. 그리고 탕자가 돌아올 때 교회의 기쁨은 한이 없다는 것을 안다.[8]

우리가 교회 징계에 대한 그리스도의 분명한 가르침을 따른다면, 우리는 파멸로부터 잃을 양을 구하는데 효과적이 될 것이며 동시에 관계상의 문제 해결에 효과적으로 될 것이다. 그러면 학대하는 징계는 우리 교회 안에서 문제가 되지 않을 것이다. 마지막으로, 영적 학대자들과 그들에 의한 희생자들을 위한 성경의 메시지는 예수님을 따르라는 것이다. 아버지에게 돌아 오라. 하나님은 두 팔을 벌리고 여러분을 기다리고 계신다.

# 후주

### 제 1장
1) 이를테면, 에스겔 37장은 종교 권위자가 어떻게 그들의 추종자들에게 죄를 범하는가를 보여주는 고전이다. 잘못된 '돌봄' 아래서 당황하고 놀라고 상처입은 사람들의 곤경을 드러낸다.
2) 나는 영적 학대라는 용어를 David Johnson & Jeff Van Vonderen의 *The Subtle Power of Spiritual Abuse* (Minneapolis : Bethany House, 1991)에서 처음 보았다.
3) Ronald Enroth, *Churches That Abuse* (Grand Rapids : Zondervan, 1992), p. 29.
4) 성직자의 성적 학대 같은 특별한 문제처럼 사악한 의식에서의 학대는 이 책의 범위에서 벗어난다.
5) 대부분의 이름은 바꾸었으며, 하나의 보기에 두사람이 합쳐지기도 했다. 반면에 내가 사용한 이야기는 그들이 내게 보내준 기록들이다.
6) Juanita and Dale Ryan, *Recovering from Spiritual Abuse* (Downers Grove, Ill. : InterVarsity Press, 1992), p. 9.
7) 이 운동의 내력과 이 문제의 내부적 관점을 보려면, Ron & Vicky Berk's의 *Damaged Disciples* (Grand Rapids, Mich. : Zondervan, 1992)을 보라.
8) 같은 책, p. 86.

### 제 2장
1) 예수께서는 자기 스스로를 생명을 주는 빵으로(요 6 :35, 51~58) 그리고 생명의 물의 근원으로(요 4:10; 7:37~38) 설명한다. 예수는 또한 "나는…생명이니"(요 11:25; 14:6)라고 말한다.
2) F. Dale Brunner, *Matthew*, Word Biblical Commentary (Dallas : Word Books, 1990), 2:808.
3) C. S. Lewis, *Reflections on the Psalms* (New York : Harcourt Brace, 1958), pp. 31~32.
4) David Seamands, *Putting Away Childish Things* (Wheaton, Ill. : Victor Books, 1982), p. 46.
5) David Hill, *The Gospel of Matthew* (London : Oliphants, 1977), p. 310.
6) Anthony Saldarini, *Pharisees, Scribes and Sadducees In Palestinian Society* (Wilmington, Del. : Michael Glazier, 1988), p. 111.
7) Watchman Nee, *The Body of Christ* (New York : Christian Fellowship Publishers, 1978), pp. 20~21.
8) Watchman Nee, *Spiritual Authority* (New York : Christian Fellowship Publisher, 1972), p. 71.

9) Derek Prince, *Discipleship, Shepherding, Commitment* (n.p. : Derek Prince Publishers), p. 18.
10) Ronald Enroth의 *Churches That Abuse* (Grand Rapids, Mich. : Zondervan, 1992), p. 117에 인용된 보스톤 운동이라고 생각한다.
11) Michael Horton, *Power Religion* (Chicago : Moody Press, 1992), p. 19.
12) *Theological Dictionary of the New Testament* (Grand Rapids, Mich. : Eerdmans, 1971), 6:3~7.
13) Ray Peacock, *The Shepherd and the Shepherds* (London, U.K. : Monarch, 1988), p. 81.
14) Robert Clinton, *Leadership Emergence Theory* (Altadena, Calif. : Barnabas Resources), p. 193.
15) Stephen Arterburn and Jack Felton, *Toxic Faith* (Nashville : Thomas Nelson, 1991), p. 72.

## 제 3장

1) Philip Keller, *Predators in Our Pulpits* (Eugene, Ore. : Harvest House, 1988), p. 12.
2) F. Dale Brunner, *Matthew*, Word Biblical Commentary (Dallas : Word Books, 1990), p. 483.
3) William Hendriksen, *The Gospel of Matthew* (Grand Rapids, Mich. : Baker Book House, 1973), p. 638.
4) Martin Luther, *Luther's Works*, ed. Jaroslav Pelikan (St. Louis : Concordia Publishing, 1963), 26:54.
5) Jerome Neyrey, *Paul in Other Words* (Louisville, Ky. : John Knox, 1990), p. 203.
6) Luther, *Luther's Works*, 26 :52.
7) R. V. G. Tasker, *The Gospel According to St. Matthew* (Grand Rapids, Mich. : Eerdmans, 1961), p. 216.

## 제 4장

1) Ayn Rand, *Atlas Shrugged* (New York : Random House, 1957), p. 436.
2) David Chilton, *Productive Christians in an Age of Guilt Manipulation* (Tyler, Tex. : Institute for Christian Economics, 1981), pp. 170~71.
3) Larry Crabb, *Men and Women* (Grand Rapids, Mich. : Zondervan, 1991), p. 178.
4) Archibald Hart, *Me, Myself and I* (Ann Arbor, Mich. : Vine Books, 1992), p. 17.
5) Bruce Narramore, *No Condemnation* (Grand Rapids, Mich. : Eerdmans, 1984), p. 301.
6) Michael Horton, *Putting Amazing Back into Grace* (Nashville : Thomas Nelson,

1991), p. 123.
7) Donald Sloat, *The Dangers of Growing Up in a Christian Home* (Nashville : Thomas Nelson, 1986), p. 106.

## 제 5장

1) Anne Wilson Schaef and Diane Fasell, *The Addictive Organization* (San Francisco : Harper & Row, 1988), p. 139.
2) Stephen Arterburn and Jack Felton, *Toxic Faith* (Nashville : Thomas Nelson, 1991), pp. 180~81.
3) Gene Edwards, *Letters to a Devastated Christian* (Auburn, Maine : Christian Books, 1984), p. 5.
4) James Beverly, *Crisis of Allegiance* (Burlington, Ontario, Can. : Welch Publishing, 1986), p. 53에서 인용하였다.
5) F. Dale Brunner, *Matthew*, Word Biblical Commentary (Dallas : Word Books, 1990), 2 :814.
6) Ralph P. Martin, *The Epistle of Paul to the Philippians* (Grand Rapids, Mich. : Eerdmans, 1959), p. 57.
7) Brunner, *Matthew*, p. 819.
8) CBS TV의 '브루클린 다리' 라는 프로그램에 나오는 할머니.

## 제 6장

1) David Johnson and Jeff Van Vonderen, *The Subtle Power of Spiritual Abuse* (Minneapolis : Bethany House, 1991), p. 138.
2) F. Dale Brunner, *Matthew*, Word Biblical Commentary (Dallas : Word Books, 1990), 2:808.
3) George Eldon Ladd, *A Theology of the New Testament* (Grand Rapids, Mich. : Eerdmans, 1974), p. 72.
4) See Ken Blue, *Authority to Heal* (Downers Grove, Ill. : InterVarsity Press, 1987), pp. 65~88; Ladd, *A Theology of the New Testament*, pp. 70~80.

## 제 8장

1) 모든 학대하는 지도자들의 행동이 수치의 감정을 주지는 않는다. 내가 아는 자기도취에 빠진 어떤 지도자들은 도무지 선악의 개념이 없는 것 같다. 그들은 자신에 대한 부정적인 감정들로부터 절대로 고통을 받지 않는다. 그들 중 몇몇은 M. Scott Peck의 *People of the Lie*에 나오는 악한 사람에 대한 묘사에 꼭 맞는다.
2) Daniel p. Fuller, *Gospel and Law* (Grand Rapids, Mich. : Eerdmans, 1980), p. 87에

서 인용하였다.
3) Ronald Enroth, *Churches That Abuse* (Grand Rapids, Mich. : Zondervan, 1992), p. 202.
4) John Murray, *The Epistle to the Romans* (Grand Rapids, Mich. : Eerdmans, 1980), p. 243.
5) Charles Hodge, *Epistle to the Romans* (Grand Rapids, Mich. : Eerdmans, 1953), p. 214.
6) 이 책은 1985년 IVP에서 출판된 *Healing the Wounded : The costly Love of Church Discipline*의 제목이 바뀌어서 출판되었다.
7) David Seamands, *Putting Away Childish Things* (Wheaton, Ill. : Victor Books, 1982), p. 31.

## 제9장

1) 교회 징계에 대한 10장을 보라. 또한 John White & Ken Blue의 *Chrich Discipline That Heals : Putting Costly Love into Action* (Downers Grove, Ill. : InterVarsity Press, 1992)를 보라.
2) Gordon Fee, *Gospel and Spirit* (Peabody, Mass. : Hendrickson, 1991), p. 131.
3) Cheryl Forbes, *The Religion of Power* (Grand Rapids, Mich. : Zondervan, 1983), p. 60.
4) 같은 책, pp. 60~61.
5) George Grant, *In the Shadow of Plenty* (Fort Worth, Tex. : Dominion, 1986), p. 40.
6) Thomas Smith in *Reformation and Revival* 1, no. 1 (1992) : 97.
7) Karl Barth, *Evangelical Theology* (New York : Holt, Rinehart and Winston, 1933), p. 12.
8) John Piper, *Desiring God* (Portland, Ore. : Multnomah Press, 1986), p. 13.
10) 같은 책, p. 124.

## 제10장

1) Ken Blue, "Interpersonal church Discipline," M.A. thesis, Regent College, Vancouver, British Columbia, 1979.
2) *Dictionary of the Christian World Mission* (London : Lutterworth, 1947) p. 167의 Peter Breyerhous에 따르면 "서구의 신교 교회 징계에서, 교회 징계는 일세기 전에 폐지되었다." Emil Brunner는 "교회 징계의 기능이 지금 폐지되었다"고 *The Divine Imperative* (Philadelphia : Westminster Press, 1947), p. 559에서 동의하고 있다.
3) Geddess MacGregor, *Coming Reformation* (Philadelphia : Westminster Press,

1960), p. 17.
4) John Calvin, *Institutes of the Christian Religion*, bk. 4.
5) G. C. Berkouwer, *Studies in Dogmatics : The Church* (Grand Rapids, Mich. : Eerdmans, 1975), p. 375.
6) 이 주제들은 John White와 내가 지은 책 *Church Discipline That Heals : Putting Costly Love into Action* (Downers Grove, Ill. : InterVarsity Press, 1992)에 나와 있다.
7) Hans Kung, *The Church* (New York : Image Books, 1962), p. 275.
8) White and Blue, *Church Discipline That Heals*, p. 101.